U0943547

世界高端文化珍藏图鉴大系

风情百态

木雕·根雕 收藏与鉴赏

WOOD CARVING

金　帛 / 编著

新世界出版社

图书在版编目（CIP）数据

风情百态：木雕·根雕收藏与鉴赏 / 金帛编著 . -- 北京：新世界出版社，2013.11

ISBN 978-7-5104-4669-6

Ⅰ . ①风… Ⅱ . ①金… Ⅲ . ①木雕－收藏－中国②木雕－鉴赏－中国③根雕－收藏－中国④根雕－鉴赏－中国 Ⅳ . ① G894 ② J314

中国版本图书馆 CIP 数据核字（2013）第 256959 号

风情百态：木雕·根雕收藏与鉴赏

作　　者：金　帛
责任编辑：杜　力
责任印制：李一鸣　黄厚清
出版发行：新世界出版社
社　　址：北京西城区百万庄大街 24 号（100037）
发 行 部：（010）6899 5968　（010）6899 8733（传真）
总 编 室：（010）6899 5424　（010）6832 6679（传真）
http：//www.nwp.cn
http：//www.newworld-press.com
版 权 部：+8610 6899 6306
版权部电子信箱：frank@nwp.com.cn
印　　刷：北京市松源印刷有限公司
经　　销：新华书店
开　　本：710×1000　1/16
字　　数：200 千字
印　　张：16
版　　次：2014 年 1 月第 1 版　2017 年 10 月第 2 次印刷
书　　号：ISBN 978-　-5104-4669-6
定　　价：78.00 元

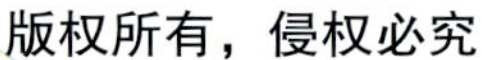

preface

前言

木雕与根雕艺术是中国传统民间艺术中光辉灿烂的组成部分，它有着深厚的历史文化、丰富的地理风俗内涵，具有鲜明的民族文化特征。在中国悠久的历史中，木雕与根雕艺术已经渗透到了人民生活的每个角落，包括欣赏、实用、装饰等各个方面。读懂这一门艺术，能够从中吸收丰美的民族传统的艺术精华。这对于当前浮躁的快餐式文化影响下的人们意义重大。

文化内涵、历史积淀是木雕与根雕艺术的一个方面，了解它们不仅能丰富知识，而且能帮助我们鉴别、欣赏传世的木雕文物。同时，这门艺术还带有很强的“因材施艺”的特点，因此，对材

质的鉴定、对原材料价值的估计也是鉴赏木雕、根雕艺术品的一重要方面。

本书广泛吸收了众多木雕及根雕专业性书籍的知识，进行严格的分析整理，在科学性的基础上，力求以平实易懂的语言让读者了解如何鉴赏木雕、根雕艺术品。因此，本书称得上是一本对木雕、根雕收藏爱好者普遍适用的基础性书籍。

另外，为了更有利于读者阅读，本书紧扣收藏、鉴定、欣赏这三个方面来体现木雕、根雕艺术的特点，其中既有丰富的文化知识，也有丰富的收藏知识，在实用性和普及中国传统文化方面起到双重作用，以满足更广大人群的需要。

由于时间仓促以及编者水平的局限，难免会出现一些疏漏。在此，本书编者郑重致歉，并希望广大读者踊跃批评指正。

目录

木雕篇

CONTENTS

根雕篇

CONTENTS

木雕篇

木雕是我国传统艺术中的重要一环，也是雕塑艺术中的重要组成部分。它融合了我国悠久的文化历史，以及广阔的地域性文化习俗，既有时间上的长度，又有空间上的广度，其独特的魅力令人叹为观止！

第一章
源远流长的木雕艺术文化

木雕艺术的起源

木雕起源的具体时间如今已经无法考证，但从现在考古学的成果推算，木雕的起源大约可以追溯到新石器时代后期。远古的人类始祖们发明了简单的石器工具，他们粗糙地打磨石器，最初只是把它当成一种工具运用。那么，既然石器能够打磨，木器为何不能呢？于是很多人推断，木器雕刻应当起源于新石器时代后期，这一时期石器的打磨工艺已经非常成熟，具备了打磨木器的条件。而且，在原始社会发展的后期，雕刻打磨的器具已经不仅仅是一种工具，而是集合了使用和观赏两种功能。这些简单的雕刻木器就是现代木雕艺术的起源。

河姆渡朱漆木碗

年代： 新石器时代

尺寸： 口径 9.2—10.6 厘米

收藏地： 浙江省博物馆

类别：漆器

河姆渡木器

目前已经出土的最早的木器制品是浙江余姚河姆渡文化遗址中的木雕鱼，还有一些其他的木制工具。这件被誉为中国最早的木雕作品——木雕鱼的问世距今已有7000年。这证明了我国木雕艺术至少在这一时期就已经产生了。而且由于木制品难以保存，我们有理由相信起源时期可能会更早。

到了商周时期，木雕作品有了明确的记录，而且当时的雕刻艺术已经非常精湛，政府已经有了专门的手工部门负责具体的雕刻工艺，其中就包括“木工”。这一点在《礼记》中记载得十分详细。这说明木雕已经被纳入了国家管理的范畴，这自然能对木雕技艺的发展起到极大的推动作用。

河姆渡木器

商周时期是我国木雕发展史上一个非常重要的时期，木雕工艺在这一时期有了极大的进步。有证据表明，商代的农业用具和手工用具中的很大一部分就是木制品。木质用具比石器用具更容易制作，制作精度也更高。因此，木制品得到了极大的促进。由于生活的需要，木雕工艺进步了，而在发展的过程中，木雕渐渐表现出了其观赏性，并成为国家祭祀、贵族陪葬等重大活动中礼器的一部分。

河姆渡木制品

在考古发掘的商周时期文化遗址中，已经发掘出了一些大型的、精致的木制雕刻工艺品，这些木制雕刻工艺品技艺精湛，镂刻精美，色彩艳丽，纹样千变万化，令人叹为观止。通过研究这些出土的珍贵文物，我们可以发现这一时期的雕刻技艺已经形成了固定的表现形式，具有了鲜明的特色——浅雕。这表明木雕已经不仅仅是一种生活工具，还演变成了一种可以观赏的工艺品。

商代木轱辘，发掘于瑞昌铜岭商代文化遗址

文化衔接

商周时期是中国古代社会的奴隶制社会时期，社会制度属于奴隶主分封制，中央与地方是天子与诸侯的关系。这种社会最主要的文化特征就是重视农耕和祭祀。社会对农耕、祭祀的重视促进了祭祀用品的发展，木雕技艺也在这样的促进下渐渐发展起来。但木制品保存极为困难，现今流传下来的商周时期的木器和木雕极为稀少。

木雕的历史发展

春秋战国时期

春秋战国时期是我们历史上第一个大动乱时期，前后持续了 500 多年。在长期的动乱中，奴隶制度渐渐崩溃，为封建制度的形成奠定了基础。而在文化方面，这一时期的“百家争鸣”成为了传统中华文明的启蒙，成为了灿烂文化的开端。

在这一时期，铁器开始被运用起来，促进了手工业的发展。铁制品，如斧、锯、锥等物，使得雕刻艺术得到了提高，这其中就包括了木雕工艺。从出土的战国时期的木雕艺术品和木制器具可以看出，当时的雕刻工艺已经达到了相当

战国木虎（现藏于湖北省博物馆）

战国卧鹿

战国彩漆木雕梅花鹿（现藏于湖北省博物馆，鹿身为木雕，头上插真鹿角）

战国彩漆木雕梅花鹿（局部）

高的层次。

中国公认的木匠始祖是鲁班，他是这一时期杰出的建筑师和雕刻家。鲁班制作了很多木制工具，如云梯等。这一时期木制器具得到了极大的发展，木雕工艺也因此而渐渐发展起来。现在民间还流传着鲁班为宫殿的木柱制作替木并雕刻花卉鸟兽作为装饰的故事，体现了当时木雕艺术的一些特点。

木雕艺术还与漆器艺术相结合，形成了木雕漆器，简称漆木器。现在在木雕作品上上漆已经被应用得非常广泛了，在当时却是一种创举。漆木器比青铜器和陶器轻便、耐腐蚀，而且制作简单，成本低廉。在实用性和审美方面，漆木器都显示出了很多优点，因此它的被推广也就理所当然了。漆木器的制作流程是：先将漆器作品雕刻成形，俗称木胎。这与现代的木雕制作工艺已经非常相似了。按照不同的实际需要，木胎的制作分为斫制、挖制和雕刻三种。斫制的特点就是削，制作弓箭、长矛杆等物时就必须用到斫制；挖制，就是将原材料挖成中空状，常用于制作酒具、木盒等物；雕刻则应用得最广泛，一些用来祭祀的礼器等物都需要用到雕刻技巧。木胎制作完成后，往往还会根据审美要求在表面篆刻浮雕，使得器具看起来更加精美。最后的工艺是上漆。有一些木雕漆器还使用到了榫卯相接、黏合等方式，将器具分为不同的构件分别制作，最后再连接起来。湖北出土的一件战国时期的彩绘透雕矢箙（箙即盛箭器），外形精美，表明当时的雕刻工艺已经相当成熟。

战国木雕矢箙（现藏于湖北省博物馆）

战国时期漆木器工艺的进步，对我国古代艺术史具有划时代的意义。这一时期的木雕漆器已经被运用到了生活、

战国彩绘木俑

战争等各个方面，例如酒具等生活用具，兵器、乐器、漆棺等丧葬用具等。在制作工艺和造型、纹样等各方面，都达到了相当高的水准。其中，地处南方的楚国在髹漆工艺上冠绝群雄，在木雕工艺上也首屈一指。目前大量战国时期的木雕漆器都是在楚国旧址出土的，体现了楚国人杰出的漆木器工艺才能。

楚国漆木器在雕刻艺术和漆画色彩两方面表现极为突出。木制品本来是非常不易于保存的，这也是为什么历史上流传下来的木雕作品、木制器具数量稀少的原因。但是漆木器保存的数量却明显地多一些，因为漆木器表面的漆膜能够很好地防止内部的木胎受到腐蚀，使得漆木器能够长时间保存。楚国的漆工艺发达，使得如今出土的楚国漆木器成为了战国时期木雕作品的代表。仅湖北一地，出土的漆器就多达 70 余种，数量达 5000 多件，其中多数为木胎。

镶嵌、榫接工艺在木器上也十分常见，例如湖北出土的战国虎座鸟架。这件漆木器是一件乐器器具，两个鸟头中间悬挂鼓。如今被保留在博物馆的只剩下鼓架，已不见鼓面。从鼓架外观来看，无论是虎座还是鸟架，造型都显得极为精美。将动物的姿态与实际器具的需要相结合，既满足了实用要求，又满足

战国木雕猪形酒具

了审美要求。鼓架之间，鸟尾处利用榫接使得鼓架连在一起，可见当时的漆木器工艺已经极为高超。

殉葬制度是古代社会的一大陋习。战国时期，产生了以人形木俑、马俑殉葬的方式。在战国时期的墓葬中，出土的木俑数量很多，包括动物外形的木俑。当时的雕刻工艺不高，但已经能够清晰地分辨出人形木俑的五官甚至表情。这对后代的人物雕刻产生了深远的影响。

战国云气纹漆盒

这一时期雕刻鸟兽的木雕作品也极多。现在出土的这类文物，如前文中的虎座鸟架，彩绘木雕鹿和木虎等，都体现了古人对飞禽走兽的崇拜，尤其是一些有着吉祥寓意的瑞兽。后世各种动物的不同寓意也是起源于此。

秦汉时期

秦朝是我国历史上第一个封建大一统王朝，结束了长期的动乱之后，社会生产力有了较大的发展。秦始皇统一度量衡，有利于各地之间的工艺融合。统一六国之后，秦始皇汇集了全国的能工巧匠，创造了大量的宫殿和兵马俑等举世罕见的艺术作品。但秦朝历时较短，留下来的雕刻作品较少。木雕艺术品难以保存，能够传世的就更少了。

汉朝是继秦朝之后的又一个大一统王朝，封建经济在统治阶级休养生息的策略下逐渐繁荣起来。在这种安定的环境中，民间艺术也得到了较好的发展。汉朝的雕刻艺术沿袭了春秋战国时期的雕刻工艺，并且有了很大的发展。

汉代的文化对中华民族的影响是极其深远的，在雕刻艺术上，也有着重要的历史地位。秦朝虽然统一了六国，但六国不同的雕刻工艺相互融合并传承下

战国木俑

西汉木俑

西汉彩绘木俑（马王堆出土，现藏于湖南省博物馆）

来却是在汉代。可以说，汉代是雕刻艺术统一流传的起点，是汉民族得以发展出灿烂文化的起点。汉代雕刻广泛采用了圆雕、浮雕等手法，不仅保留了南方楚国的浪漫主义特点，还更加注重人物、动物的形态与表情。如图片中的彩绘牵马木俑，人物面部表情清晰，动作形态饱满，连穿着的衣服褶皱也清晰可见，雕刻工艺已经非常令人惊叹。在山东省博物馆，同样形态的木俑（包括人俑和马俑）多达 397 件，共同构成了“鲁王”出行的仪仗队。

汉代牵马木俑（现藏于山东省博物馆）

汉代木制箭与箭箙（现藏于湖南省博物馆）

在其他地方出土的汉代木雕文物中，木俑的数量也非常多，而且大量采用了雕刻加彩绘的方式。从彩绘颜色来看，色彩工艺比前代有了很大的提高。

除了这些精美的木俑以外，木器在军事上的运用也极为广泛。木器的发展与木雕工艺的发展是分不开的，因此我们也能从这些木制器具上一窥木雕艺术的发展历程。如图片中湖南出土的汉代木制箭与箭箙。常见的箭箙有木制、皮革制两种。

唐宋时期

汉朝以后，中国陷入了一段长时期的动乱。战争对艺术的发展有着极大的影响，人员流动、常年征伐、经济衰退等，都会制约艺术的发展。因此，魏晋

唐马

唐马（局部）

唐木雕迦叶头像

时期流传下来的木雕作品较少，可以看成是木雕艺术的蛰伏期。

之后的隋朝与秦朝一样，历时极短，留下的木雕作品也不多。唐朝建立之后，再次出现一个大一统的封建王朝。无论是军事还是经济，唐朝在当时都是首屈一指的。从建国至安史之乱之前，唐朝都是处在相当稳定繁荣的时期。稳定、繁荣的社会环境为艺术提供了很好的发展土壤。值得一提的是，这一时期佛教已经传入中国，与佛教有关的木雕艺术迅速发展起来，为木雕艺术提供了又一个丰富的题材。

佛教传入中国的具体时间一直众说纷纭，但可以肯定一点，东汉早期，佛教已经传入中国了。魏晋时期，尤其是南北朝，佛教已经有了较大的发展。南北朝出土的佛像数量极多，大多是石雕或泥雕。到了唐朝，佛教雕塑得到进一步发展。木雕作品中也开始大量出现与佛教有关的艺术品。

唐朝由于经济繁荣、军事强大，因此人物雕塑都显得雍容华贵、面相饱满。

唐朝灭亡之后，中国陷入了五代十国这一段纷乱的时期。五代时期只有极少数的木雕作品传世。

随后建立的宋朝再一次完成统一的功业。宋朝由于军事上积弱，长久以来一直受到后人诟病。尤其是南宋，对外族始终处于弱势地位。但是，宋朝的经济是中国古代封建史上最繁荣的。虽然对外军事积弱，国内一直保持着安定的局面。经济上的繁荣促进了艺术的发展，木雕艺术也进入了一个新的繁荣时期。

出土的宋代木雕文物也大多与佛教有关，由此可以看出木雕艺术的转变。宋代佛像木雕的特点是人物体态造型优美，身体比例匀称，穿戴艳丽华贵。这些特征反映了当时的社会经济状况，表明其艺术高度又上升了一个层次。宋代

唐立佛

五代菩萨像

佛像木雕中成就最大的是菩萨像，菩萨像是宋代寺庙佛像的主要种类之一。如现藏于北京故宫博物院的北宋木雕彩绘观音像，可以看出宋朝时期高超的木雕工艺。这尊像全身彩绘，由多块木头插合组成。观音头戴高冠，冠上有一化佛，系宝缯，宝缯及发绺下垂。面部表情柔和，细眉秀目，双颊丰满。上身袒露，着帔帛，下身着长裙，衣饰褶皱塑造得轻盈流动，韵律感极强，使人观之觉得生动无比。配饰刻画细致突出，胸饰璎珞，臂有宝钏，颈上佛珠圆润清晰。无论是人物整体造型还是细节，都体现出了极高的工艺水平和艺术美感。

在众多佛像木雕作品中，宋代创造了独特的“自在观音”木雕。自在观音原名“水月观音”，一改以往观音菩萨直立或打坐的造型，创造了观音新的形象。一般自在观音的外形都是右腿曲蹲，左脚轻踏荷叶，重心落在左胯，右手微抬微翘，左手为支撑点。这样的外形显得无拘无束、自由自在，因此被人们亲切地称为“自在观音”。这种雕塑突破了以往的陈规和佛教的清规戒律，将信仰与生活相融合，成为一种全新的佛像造型。

北宋木雕彩绘观音

宋木雕罗汉头像

宋木雕罗汉坐像

除了佛教木雕之外，工商业发达的宋代出现了很多现实生活中的木雕工艺小件，如文具、手杖把、尘尾柄、剑鞘等。这些小型工艺品雕镂精美雅致，以人物、鸟兽、龙凤等形象为题材，随器物形状需要进行装饰，是现代木雕小型工艺品的雏形。同时，儒家理学思想在宋朝形成，与理学有关的木雕作品虽然在宋代较少出现，理学却大大影响了明代木雕。

宋自在观音像

宋水月观音像（现藏于上海博物馆）

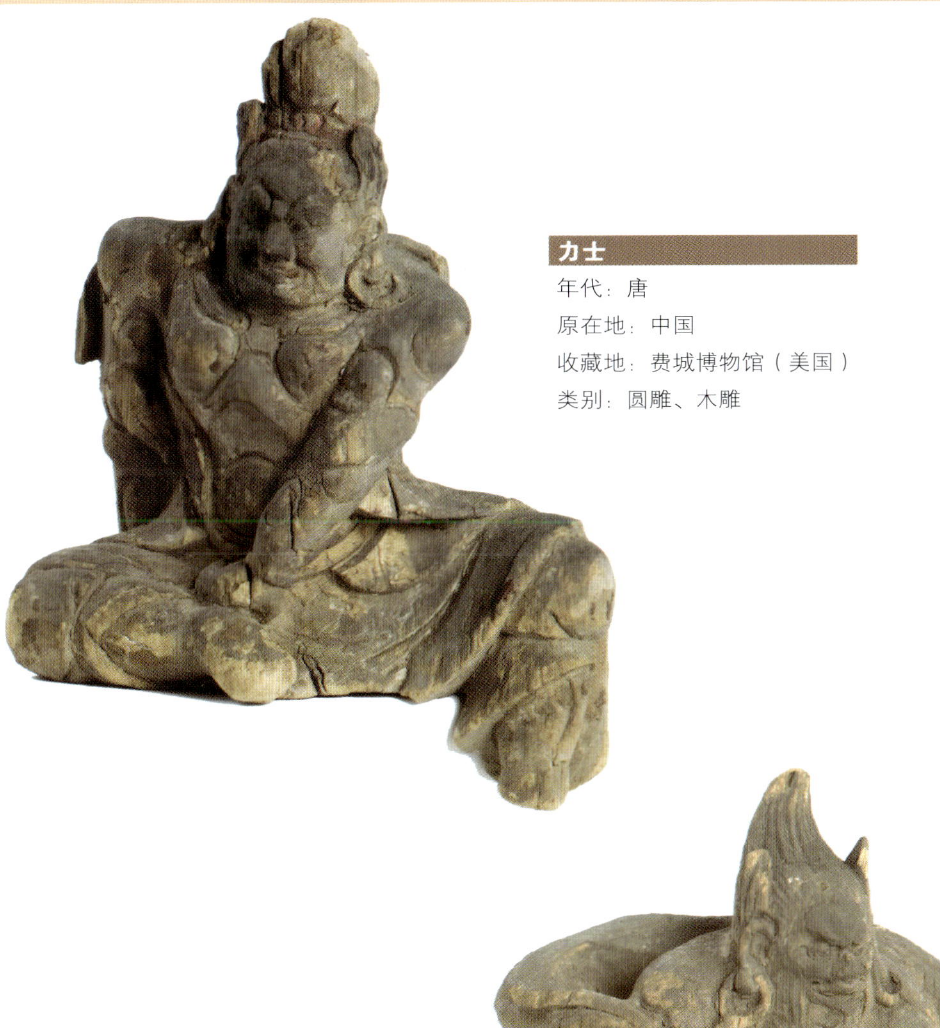

力士

年代：唐

原在地：中国

收藏地：费城博物馆（美国）

类别：圆雕、木雕

力士

年代：唐

原在地：中国

收藏地：费城博物馆（美国）

类别：圆雕、木雕

天王

年代：唐

原在地：甘肃敦煌莫高窟

收藏地：吉美博物馆（法国巴黎）

类别：圆雕、木雕

天王

年代：唐

原在地：甘肃敦煌莫高窟

收藏地：吉美博物馆（法国巴黎）

类别：圆雕、木雕

天王

年代：唐

原在地：甘肃敦煌莫高窟

收藏地：吉美博物馆（法国巴黎）

类别：圆雕、木雕

十一面观音

年代：唐

原在地：新疆

收藏地：德国印度艺术博物馆

类别：圆雕、木雕

天王

年代：唐

原在地：甘肃敦煌莫高窟

收藏地：吉美博物馆（法国巴黎）

类别：圆雕、木雕

佛龛

年代：五代

原在地：中国

收藏地：纳尔逊—阿特金斯艺术博物馆（美国）

类别：高浮雕、木雕

唐宋元时期木雕欣赏

伯希和在莫高窟北区石窟挖出的唐—五代木活字（中国发现的最早的木活字）

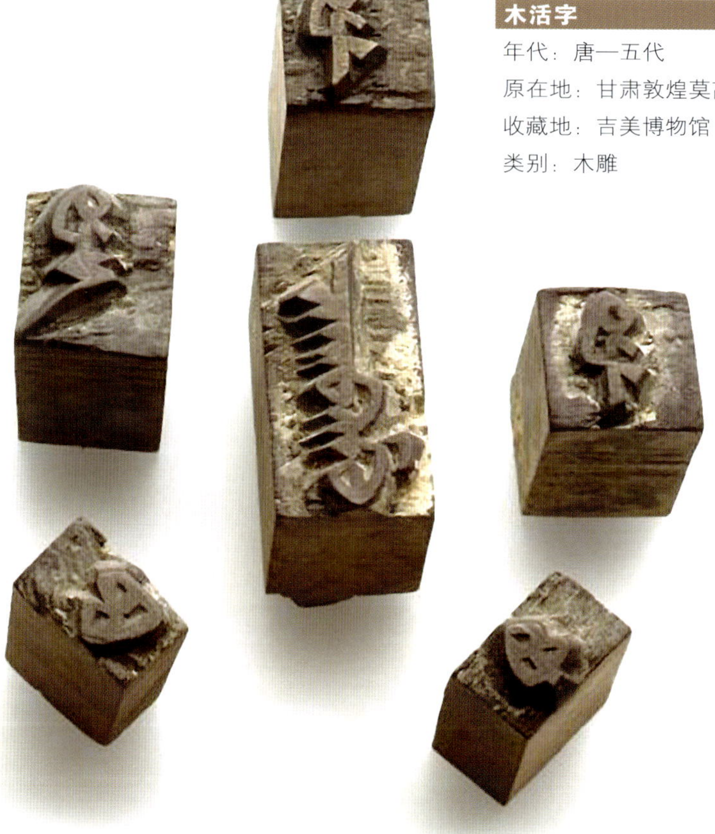

木活字

年代：唐—五代

原在地：甘肃敦煌莫高窟北区石窟

收藏地：吉美博物馆（法国巴黎）

类别：木雕

自在观音

年代：北宋

原在地：中国

收藏地：旧金山亚洲艺术馆（美国）

尺寸：高 132 厘米

类别：圆雕、木雕

自在观音

年代：宋

原在地：中国

收藏地：西雅图艺术博物馆（美国）

类别：圆雕、木雕

自在观音

年代：宋

原在地：中国

收藏地：圣路易博物馆（美国）

类别：圆雕、木雕

自在观音

年代：南宋

原在地：中国

收藏地：圣地亚哥艺术博物馆（美国）

类别：圆雕、木雕

自在观音

年代：宋

原在地：中国

收藏地：费城博物馆（美国）

类别：圆雕、木雕

观音

年代：北宋

原在地：中国

收藏地：明尼阿波利斯艺术馆（美国）

类别：圆雕、木雕

菩萨

年代：宋

原在地：中国

收藏地：费城博物馆（美国）

类别：圆雕、木雕

菩萨

年代：宋元

原在地：中国

收藏地：克利夫兰博物馆（美国）

类别：圆雕、木雕

菩萨

年代：宋元

原在地：中国

收藏地：赛努奇博物馆（法国巴黎）

类别：圆雕、木雕

天官头

年代：宋

原在地：中国

收藏地：费城博物馆（美国）

类别：圆雕、木雕

天官头

年代：宋

原在地：中国

收藏地：费城博物馆（美国）

类别：圆雕、木雕

菩萨头

年代：宋

原在地：中国

收藏地：费城博物馆（美国）

类别：圆雕、木雕

菩萨

年代：宋

原在地：中国

收藏地：费城博物馆（美国）

类别：圆雕、木雕

菩萨

年代：宋

原在地：中国

收藏地：费城博物馆（美国）

类别：圆雕、木雕

菩萨

年代：宋

原在地：中国

收藏地：费城博物馆（美国）

类别：圆雕、木雕

菩萨

年代：宋

原在地：中国

收藏地：费城博物馆（美国）

类别：圆雕、木雕

圣母

年代：宋

原在地：中国

收藏地：费城博物馆（美国）

类别：圆雕、木雕

罗汉

年代：宋

原在地：中国

收藏地：大都会艺术博物馆（美国纽约）

类别：圆雕、木雕

大势至菩萨

年代：宋元

原在地：中国

收藏地：赛努奇博物馆（法国巴黎）

类别：圆雕、木雕

观音

年代：宋元

原在地：中国

收藏地：科隆博物馆（德国）

类别：圆雕、木雕

菩萨头

年代：宋

原在地：中国

收藏地：中国国家博物馆

类别：圆雕、木雕

菩萨头（正右侧）

菩萨头（正左侧）

坐佛

年代：辽

原在地：中国

尺寸：高 47 厘米

类别：圆雕、木雕

观音

年代：辽

原在地：中国

尺寸：高 52 厘米

类别：圆雕、木雕

自在观音

年代：金

原在地：中国

收藏地：圣地亚哥艺术博物馆（美国）

类别：圆雕、木雕

菩萨

年代：金

原在地：中国

收藏地：纳尔逊—阿特金斯艺术博物馆（美国）

类别：圆雕、木雕

罗汉

年代：金

原在地：中国

收藏地：皇家安大略博物馆（加拿大多伦多）

类别：圆雕、木雕

罗汉头

年代：元

原在地：中国

收藏地：旧金山亚洲艺术馆（美国）

类别：圆雕、木雕

释迦牟尼

年代：元

原在地：中国

收藏地：洛杉矶城市博物馆（美国）

类别：圆雕、木雕

罗汉头

年代：元

原在地：中国

尺寸：高 42 厘米

类别：圆雕、木雕

罗汉

年代：元

原在地：中国

收藏地：大都会艺术博物馆（美国纽约）

类别：圆雕、木雕

唐宋元时期木雕欣赏

菩萨

年代：元

原在地：中国

收藏地：大都会艺术博物馆（美国纽约）

类别：雕塑、圆雕、木雕

菩萨（背面）

菩萨（侧面）

■ 明清时期

明清时期是木雕艺术发展的一个重要时期，如今流传下来的明清木雕文物的数量也非常多，为研究木雕发展提供了很好的实物佐证。佛像木雕仍然是木雕艺术中的重要部分，这一时期的佛像木雕数量多，

明骑犼观音

明铁拐李

明骑犼观音

品类繁。明清木雕的雕刻刀法刻画苍劲有力，线条自然流畅。尤其是佛像木雕，展示出了高超的雕刻技艺。宋代的自在观音像到了明代得到继承，大体上变化不大。到了清代，密宗佛教影响传统佛教，密宗造像木雕也得到了很大的发展。现存的木雕文物，如“迈达拉佛像”“千手千眼菩萨”“吉祥天母”“欢喜佛”“功德天女”等，都是密宗佛教的佛像造型。这些雕刻形态饱满、衣纹流畅，是清朝时期的木雕精品。

清早期木雕加漆菩萨像

明自在观音

明善财童子

清木雕金漆尊胜佛母

明清时期的家具装饰木雕超越了前代，达到了艺术顶峰。明代家具造型简洁、质朴，强调家具形体的线条，确立了以“线脚”为主要形式的造型手法；雕刻装饰洗练，工艺精致，显得古雅、隽永、大方，实用性很强。清初，家具在造型与结构上基本继承了明式家具的传统，但造型趋于复杂，木雕装饰开始追求富丽华贵，并且运用了镶嵌工艺。尤其是皇室家具，更加富丽。由于过分追求奢侈，家具略显得烦琐累赘。但是在这一时期，民间家具的制作依然沿袭了明式风格，保留了原本的朴实简洁。明清时期的手工艺人有着非常高超的雕刻技艺，常见的家具，如八仙桌、太师椅、梳妆台、大花床等，都雕刻得出神入化。

明藻井

最令人赞叹的“百工桌”“千工床”等这类家具，精美程度令人叹为观止，而这类家具所侧重的就是雕刻之烦琐与精美。一张“千工床”，犹如一座楼台亭阁，内部设施样样俱全，所有部件都有装饰雕刻。明清家具的雕刻技法主要以线雕、浮雕、透雕为主，图案形象有龙凤瑞兽、花草虫鱼、云纹、如意纹、回纹、福禄寿喜等，应有尽有。明清家具体现着鲜明独特的民俗文化性格，形成了苏式家具、广式家具、京式家具、云南大理石镶嵌家具等地方特色。

明清时期，随着城市经济与文化的发展，中下层官僚、文人雅士和市民也对美化环境有了普遍的要求，对艺术品产生了浓厚的兴趣。木雕艺术在文人的参与下得到了发展，案头摆设、笔筒臂搁等文人雅士的木雕艺术品广泛地发展起来。木雕艺术易于就地取材，制作工具也比较常见，比起金、银、玉、瓷器的制作更为方便。所以，当时一些书画文人能很方便地参与构思与雕刻，致使木雕艺术在陈设与观赏领域得到了很快的发展。也就是在这一时期，传统儒学开始快速影响木雕艺术。

明清是一个封建经济高度发达的时期，这一时期民间动乱较少，出现了大批的优秀民间木雕艺人。传统木雕在这一时期达到了顶峰。这是中国木雕史上最为辉煌的年代，名家辈出，流派纷呈，作品数量之多，题材、品种之全，超过了历朝历代，出现了江浙、两广、徽州、晋中等众多木雕集中的地区。

明拔步床

清木雕茶台

清二十四孝插屏

罗汉

年代：明

原在地：中国

收藏地：大都会艺术博物馆（美国纽约）

尺寸：高 114 厘米

类别：圆雕、木雕

罗汉（背面）

阿弥陀佛

年代：明

原在地：中国

尺寸：高 86 厘米

类别：木雕

侍女

年代：明

原在地：中国

收藏地：费城博物馆（美国）

类别：圆雕、木雕

藻井

年代：明

原在地：北京智化寺

收藏地：纳尔逊—阿特金斯艺术博物馆（美国）

类别：建筑构件、高浮雕、木雕

佛龛

年代：明

原在地：中国

收藏地：大都会艺术博物馆（美国纽约）

尺寸：高 28.6 厘米，宽 42.5 厘米

类别：高浮雕、木雕

自在观音

年代：明洪武

原在地：中国

收藏地：大都会艺术博物馆（美国纽约）

类别：圆雕、木雕

善财童子

年代：明

原在地：中国

尺寸：高 15.5 厘米

类别：圆雕、木雕

菩萨

年代：明

原在地：中国

收藏地：大都会艺术博物馆（美国纽约）

类别：圆雕、木雕

明清时期木雕欣赏

关公

年代：明

原在地：中国

尺寸：高 60 厘米

类别：圆雕、木雕

武财神

年代：明

原在地：中国

尺寸：高 65 厘米

类别：圆雕、木雕

不动金刚

年代：明

原在地：中国

尺寸：高 11.8 厘米

类别：浮雕、木雕

立柜

年代：明清

原在地：中国

收藏地：费城博物馆（美国）

类别：家具

天人

年代：明清

原在地：中国

收藏地：中国国家博物馆

类别：圆雕、木雕

龙椅

年代：明清

原在地：中国

收藏地：明尼阿波利斯艺术馆（美国）

类别：家具

交椅

年代：明清

原在地：中国

收藏地：明尼阿波利斯艺术馆（美国）

类别：家具

漆盒

年代：明清

原在地：中国

收藏地：旧金山亚洲艺术馆（美国）

类别：漆器

漆盒

年代：明清

原在地：中国

收藏地：旧金山亚洲艺术馆（美国）

类别：漆器

木雕观音连座

年代：清早期

尺寸：高 37 厘米

材质：黄杨木

黄杨木文人像

年代：清早期

尺寸：高 16 厘米

材质：黄杨木

观音

年代：清康熙

原在地：中国

收藏地：大都会艺术博物馆（美国纽约）

类别：圆雕、木雕

明清时期木雕欣赏

黄檀观音

年代：清

原在地：中国

收藏地：首都博物馆

类别：圆雕、木雕

材质：黄檀

刘海戏金蟾

年代：清

尺寸：高 36.5 厘米

材质：檀香木

黄杨木张骞孤舟乘槎

年代：清中期

尺寸：高 14 厘米

材质：黄杨木

红木缠枝花卉纹梯形盖

年代：清乾隆

尺寸：宽 35 厘米

材质：红木

红木随形博古炉

年代：清中期

尺寸：高 15 厘米

材质：红木

瘿木雕随形笔筒

年代：清

尺寸：高 24 厘米

材质：瘿木

木雕观音

年代：清

尺寸：高 26 厘米

材质：黄杨木

黄杨木寿星

年代：清

尺寸：高 16.3 厘米

材质：黄杨木

黄杨木灵芝笔舔

年代：清

尺寸：宽 11 厘米

材质：黄杨木

黄杨木福在眼前

年代：清晚期

尺寸：高 21.3 厘米

材质：黄杨木

龙眼木伏虎罗汉

年代：清

尺寸：高 28 厘米

材质：龙眼木

黄杨木小山子

年代：清

尺寸：高 10 厘米

材质：黄杨木

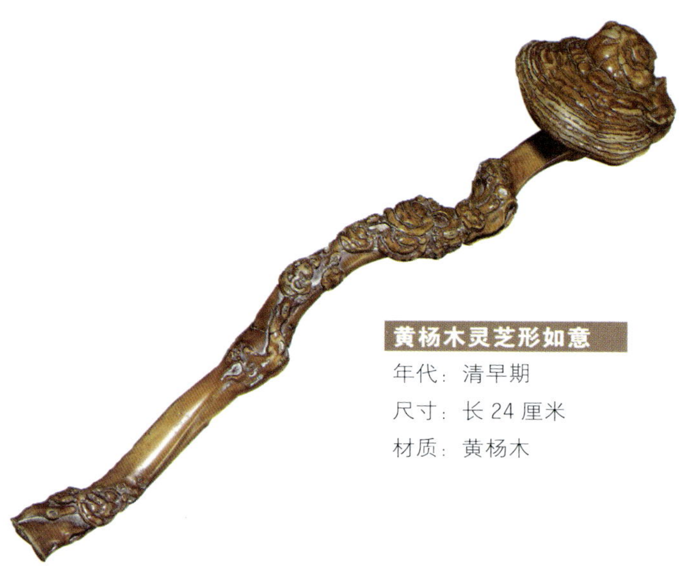

黄杨木灵芝形如意

年代：清早期

尺寸：长 24 厘米

材质：黄杨木

龙纹方桌

年代：清

尺寸：高 120 厘米

材质：檀香木

近现代

民国时期是一个思想文化剧烈变化的年代，由于长期的战乱和动荡不安，木雕艺术的发展受到了极大的限制。但是由于民国距离现在很近，因此大部分木雕艺术品都得以流传下来。

新中国成立之后，木雕艺术得到了全新的发展。尤其在木雕家具方面，木雕艺人们在继承了传统工艺和艺术风格的同时，还进行了全新的艺术尝试，创造出了许多具有深厚文化底蕴的木雕作品。家具造型、雕刻艺术风格、图案纹样装饰等，既体现了传统的民族文化特征，又符合现代人的审美观点。一些传

传统木雕家具

龙马精神

当代木雕和合二仙

统的图案，如龙凤等瑞兽、梅兰竹菊等花卉、历史人物等，都被木雕艺人很好地吸收继承。传统家具简洁、古朴、实用的风格也被近代家具艺人继续发扬，形成了独特的中式家具。

除此之外，近代的文化交流促进了民族间文化融合，使得文化在融合的基础上更趋于完善。中国近现代文化也吸收了西方的一些艺术理论，与自身文化中的艺术性相结合，形成了有更深厚内涵的艺术文化。我国的木雕艺术如今走出国门，让世界领略中华民族文化的魅力。

现代古典木雕屏风

随着钢筋水泥结构的发展，传统建筑被其取代。水泥建筑单调、缺乏艺术美感，因此木制建筑仍然深受人们的喜爱。近年来，一些酒楼、茶馆等都在装饰设计中大量采用木雕工艺，使得环境更显高雅、古朴。传统木雕中的精华，如藻井、天棚、隔扇、屏风等，都被融入到现代装饰中。传统家具，如古典木雕桌椅、衣柜等，也被很多商家和家庭采纳。古典家具能够营造一种雅致宁静、古色古香的氛围，能满足人们怀古的情绪，而且不像工业家具含有一些有害化学物质。这使得传统木雕家具在浮躁的潮流中有立足之地，并得到更加广阔的发展。

除了实用型家具之外，近现代出现了各种供观赏、摆设的木雕陈设品。木雕陈设品已不再是宫廷、豪门贵族的专享，普通百姓也能够赏玩。

近现代木雕欣赏

黄杨木双竹节形如意

年代：民国

尺寸：长 42 厘米

材质：黄杨木

黄杨木挖耳罗汉

年代：民国

尺寸：高 17 厘米

材质：黄杨木

文化衔接

挖耳罗汉是佛教中的十八罗汉之一，擅长于论“耳根”。耳根是佛教所讲的六根之一，即听觉。佛教讲究六根清净，“耳根”清净即不听各种淫邪声音，也不可听别人的秘密。挖耳罗汉擅长论耳根，因此取挖耳之形。

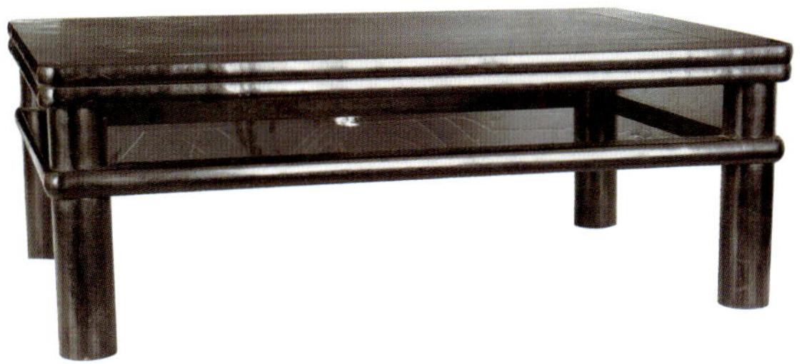

茶几

年代：民国

尺寸：54 厘米 ×20 厘米 ×34 厘米

材质：紫檀

黄杨木弘一像

年代：民国

尺寸：高 18.5 厘米

材质：黄杨木

文化衔接

弘一，原名李叔同，是民国时期卓越的艺术家、教育家，是中国近现代佛教史上较杰出的一位高僧。他在音乐、美术、诗词、篆刻、书法、教育方面均有所创造。

文官头像

年代：当代

尺寸：40 厘米 ×52 厘米

材质：香樟木

佛头像

年代：当代

尺寸：34 厘米 ×34 厘米

材质：香樟木

龙虾

年代：当代

尺寸：28 厘米 ×66 厘米

材质：樟木

第二章
千变万化的木雕作品

人物篇

人物是传统木雕表现最多的题材。它包括各种宗教人物、历史人物、现实生活人物、神话人物、小说人物、戏曲人物等。其中宗教人物如佛教的佛祖、观音、罗汉等。道教的太上老君、八仙等。历史人物是在历史中出现过的人物，但其中不免受到一些野史或者历史题材小说的影响，如三国时期的人物等。现实人物主要是为了反映生活，最常见的有农夫、渔翁、牧童等。神话与小说中的人物最为常见，虽然这些人物是虚构的，但是却对文化艺术产生了深远的影响。耳熟能详的有《西游记》中的师徒，《封神榜》中的姜子牙、哪吒等。在木雕作品中常见的戏曲人物有《白蛇传》中的人物，《长生殿》中的唐明皇和杨贵妃，《西厢记》中的张生和崔莺莺，《打金枝》中的郭子仪、升平公主，以及梁山伯与祝英台等。

宗教人物

木雕艺术中的宗教人物主要涉及道教和佛教，其中佛教人物更丰富。

道教

道教创立于东汉时期，是中国土生土长的宗教，有1800余年的历史。它与中华本土文化紧密相连，深深扎根于中华沃土之中，具有鲜明的中国特色，并对中华文化的各个层面产生了深远影响。当今道教主要分为全真派和正一派两大教派。道教奉老子为教祖，尊称为“太上老君”，以《老子五千文》为主要经典。尊“道”为最高信仰，而“道”的崇高和伟大，其最高体现就是“德”，所以，道教在“尊道”的同时也“贵德”，道教的“道”与“德”一起，共同构成其教理的核心内容。

道教三清

道教符文木雕

古老的蛮荒年代，华夏始祖便开始寻求自然的庇佑，于是他们认为万物有灵。这是在形成宗教之前，原始人类最先出现的理论，即对自然产生的一种敬仰，对灵魂的敬仰，对祖先的敬仰。后来，它慢慢成为对上天的信仰。在古老的原始社会年代，已有先贤尝试着叩问生命的意义，解答人类生命的谜题。轩辕黄帝被公认为炎黄子孙的先祖，中华民族的始祖。而据《史记·封禅书》记载黄帝“且战且学仙”以及《庄子》记载黄帝问道于广成子等，他是有史记载的“修仙、问道”第一人。

至殷商年代，原始社会时期对自然的敬仰已经慢慢发展成为了对天帝和天命的信仰。《书·盘庚上》记载：“先王有服，恪谨天命。”天命实际上指的是自然的规律、法则，“恪谨”即表示了一种敬畏和信仰。《荀子·天论》言：“从天而颂之，孰与制天命而用之！”这充分说明了当时已经初步形成了以天帝为中心的天神理论系统。在远古部落社会，政治活动和祭祀本是一体，国家大事需要巫师以占卜的形式向天帝请求解疑答惑。

在上古乃至商代，巫师都是一个崇高的职业。轩辕黄帝出战之时，也要请巫师占卜。大小国家政事，都要征得巫师的同意。如果他们不同意，即使其他统治者同意了，事情也不能执行和实施。到了周朝，对鬼神的崇信有了进一步

发展，人们所信仰的“神”已经有了天神、人鬼、地神三个完整的系统，并把祭祀祖宗的神灵与祭祀天地看得一样重要，称为“敬天法祖”。敬天的信仰在《诗经》中有明确的记载：“敬天之怒，无敢戏豫。敬天之渝，无敢驰驱。”东汉顺帝时期，张陵在蜀郡鹤鸣山（在今四川大邑县境内）创立了五斗米道，把《诗经》中的“敬天”与民间“法祖”总结汇集，并加入诸子百家的思想而形成一个崭新的宗教，名为道教。道教将“道”解释为“虚无之系，造化之根，神明之本，玄之又玄”，是一种无法用任何语言文字来表达的天理。从此以后，道教在中国以一种宗教形式开始发展传扬。道教也成为一种影响深远的汉民族文化。

钟馗捉鬼

张天师

太上老君

八卦挂牌

道教所信仰的神明众多，与其他宗教相比有着鲜明的特色。其主要宗旨是追求得道成仙、垂法济人、无量度人，早期以《易经》和老子的《道德经》为主要经典。道教的第一部正式经典是《太平经》，而《太平经》《周易参同契》《老子想尔注》三书是道教信仰和理论形成的标志。这些典籍不仅在中国传统文化中占有极为重要的地位，而且对近代世界也有着不可小窥的影响。道教经书的内容包罗万象，不仅记录了道教的教理教义、教规教戒、修炼方术、斋醮科仪，还保留了中国古代哲学、文学、医药学、养生学、化学、音乐、地理等多种学科的珍贵资料，堪称中国传统文化的一个宝库。道家思想首创朴素唯物主义本体论学说，春秋战国年代即为诸子百家之一，先秦时期在著名的儒墨显学外独树一帜。汉初，完全成为显学。所以，汉朝就有了正规的教团产生，奉老子为道德天尊，把原来深奥的道德哲学更进一步升华、淬炼了。南北朝时道教宗教形式愈发完善。

老子出关

道教以道为至高信仰，认为它无形无象、玄之又玄，只可意会无法言说。道在人和万物中的显现就是德。故万物莫不尊道而贵德。道散则为气，聚则为神。《道德经》的“道生一，一生二，二生三，三生万物”，就是不停地无中生有、有又还无地周而复始运转变化，可以浅显地理解为道是化生宇宙万物的本原。在中华传统文化中，道教（包括道家、方术等）被认为与儒学和佛教一起占据着主导地位，是寻求有关实践练成神仙（不老不死、普济众生）的一种途径。对于现实世界，道教有着各种积极的意义：道法自然，珍爱生命、自然环境，

追求人与自然和谐，修身养性，延年益寿。通过度化自己，提升个人的生命质量与灵魂能量，进一步为人类社会作贡献。以一定的方法，对精神和肉体进行自我控制，达到我命由我不由天，突破生命的桎梏，掌握自己的命运。

太上老君

太上老君（背面）

道教木雕集锦

阴阳八卦挂牌

阴阳八卦

阴阳八卦最早出现在《易经》中，相传为伏羲所创。阴阳八卦本是古人运用于占卜的一种工具，后来被道教吸收，成为解释世界起源的重要理论。在道教主张的思想体系中，世界是由阴阳构成的，两者相互演化生成了大千世界。因此，阴阳学说可以看做是一种朴素的宇宙“二元论”。

福禄寿三星

福禄寿三星，是中国民间崇拜的福星、禄星、寿星的合称，起源于远古的星辰自然崇拜。古人按照自己的意愿，赋予三星非凡的神性和独特的人格魅力。

由于三星在民间的影响力，封建政府曾借其实施王道教化，道教也曾对三星大加推崇，以招徕信众，扩大自己的影响。虽然三星后来失去了高高在上的神威，却也因此获得自由，走入寻常巷陌，成为古代民间世俗生活理想的象征。

福禄寿木雕

福禄寿木雕

禄星木雕

明清以后民间常将福禄寿三星一并奉祀，三星典型的形象为：福星执如意居中。禄星为身穿大红官服、头戴高冠（意为“官”）的官员，骑在一头梅花鹿上，寓意直指“进禄”。另外，也有禄神怀抱一个婴儿，寓意送子、望子成龙等。寿星则广额白须，捧桃执杖。

寿星木雕

财神赵公明

财神赵公明（侧面）

财神

财神是道教俗神，民间流传着多种版本的说法，“月财神”赵公明被奉为正财神，李诡祖、比干、范蠡、刘海被奉为文财神，钟馗和关公被奉为赐福镇宅的武财神。

道教和世人奉祀的财神，影响最大的当推赵公明。据《三教搜神大全》载，赵公明神异多能，变化无穷，能够驱雷役电，唤雨呼风，降瘟剪疟，保命解灾。故人称“元帅之功莫大焉”。凡买卖求财，只要对赵公明祈祷，便无不称心如意，

正财神赵公明

武财神钟馗

武财神关公

故而民间奉其为财神。旧时年画中，赵公明的形象多为头戴铁冠，手持宝鞭，黑面浓须，身跨黑虎，面目狰狞，因此人们又称其为武财神。

民间传说的武财神有钟馗和关公。钟馗作为财神的形象是一手持剑，一手拿元宝。关羽则是民间家喻户晓的人物，被奉为“武圣”。武财神既有镇宅保平安的寓意，又有祈求财源广进的寓意，在民间广受欢迎。

八仙

八仙是民间传说中道教的八个仙人。八仙故事见于唐、宋、元人记载，元杂剧中亦有他们的形象，但姓名尚不固定。至明吴元泰《八仙出处东游记传》里，始确定为铁拐李、汉钟离、张果老、蓝采和、何仙姑、吕洞宾、韩湘子、曹国舅八人。

八仙与道教的许多神仙不同，他们均来自人间，而且都有多彩多姿的凡间故事，之后才得道，与一般神仙道貌岸然的形象截然不同，所以深受民众喜爱。其中有将军、皇亲国戚、叫花子、道士等等，并非生而为仙，而且都有些缺点，例如汉钟离袒胸露乳、吕洞宾个性轻佻、铁拐李酗酒成性等等。相传，八仙分别代表了男女老幼、富贵贫贱。一般道教寺院都有供奉八仙的地方，或是独立设置八仙宫，而神明庙会也有八仙出现。

八仙人物木雕

紫檀八仙过海香筒

八仙人物画屏

黄杨木铁拐李

◆ 铁拐李

民间传说，铁拐李为八仙之首。有些古籍称其姓李，名洪水，是隋朝人。鲁迅的《中国小说史略》则说他姓李，名玄；赵翼的《陔馀丛考》中说他姓刘。最广泛被人接受的传说为其遇太上老君得道，在一次神游时，因被徒弟误认为已死，身体被火化。他的游魂无所归依，只好附在路边一个饿死者的尸身上，于是成了蓬头垢面、坦腹跛足、胁夹铁拐的模样，故称铁拐李，亦作“李铁拐”。铁拐李是八仙中最出名的仙家之一，因此常常被作为雕刻素材。

铁拐李

铁拐李（侧面）

铁拐李（背面）

◆ 刘海

刘海和八仙的传说有很深的渊源，在明朝《列仙全传》一书中，刘海被奉为八仙之一。到《八仙出处东游记传》中，刘海的位置被张果老替代。但在“下八仙”中，依然有刘海的名字。刘海戏金蟾的传说广泛流传，一是刘海是民间人物，贴近生活，易于被人民接受；二是刘海的故事有强烈的喜剧意味，符合人民对“喜”的追求。因此刘海戏金蟾的典故成为各项雕刻艺术的“宠儿”。

刘海戏金蟾

刘海戏金蟾

刘海戏金蟾（背面）

“金蟾”原本是有法力的蟾蜍精，后被刘海收服，命令它吐出金钱，于是在民间刘海也被视为财神。

佛教

佛教是世界三大宗教之一，在中国广泛传播，产生了极为深远的影响。我国的佛教主要分为两个部分，一是北传佛教，二是藏传佛教。

北传佛教是经西北印度和西域诸古国沿丝绸之路往东传入中国、朝鲜、日本等地的佛教。由于北传佛教在中国汉地发扬光大，所以又将“汉传佛教”作为北传佛教的代名词。汉传佛教所使用的语言主要以汉语为主，故亦称“汉语系佛教”。由于中国对东亚地区的巨大影响力，汉传佛教也随着汉文化的影响东传到了朝鲜、日本，往南传到了越南等东南亚各个国家和地区。现在汉传佛教的范围包括中国、韩国、日本、越南等国。

佛像

弥勒佛

藏传佛教所信奉的典籍是真实的三藏经典，未经过其他宗教修改；藏传佛教的戒律体系是真实的佛教体系。藏传佛教有两层含义：一是指在我国藏族地区形成和经藏族地区传播并影响其他地区（如蒙古、不丹等地）的佛教；二是指用藏语传播的佛教，如蒙古、纳西、裕固、土族等民族即使有自己的语言或文字，但佛教方面的讲授、辩理、念诵和写作仍用藏语，故又称“藏语系佛教”。

佛教对我国传统文化产生了巨大的影响，它渗透到人民的生活中，并与本土文化结合，形成了鲜明的特色。佛教艺术一直是古代艺术的重要一环，敦煌、龙门石窟就是显著的例子。在木雕艺术中，以佛教人物为创作素材的雕塑多不胜数。要了解木雕文化，就无法绕过其中的佛教人物部分。

檀香木雕千手观音

佛教木雕集锦

释迦牟尼

释迦牟尼（北传佛教推断为前 565—前 486 年，南传佛教作前 624—前 544 年或前 623—前 543 年），原名乔答摩·悉达多，古印度释迦族人（生于今尼泊尔南部），佛教创始人。成佛后的释迦牟尼，尊称为佛陀，意思是大彻大悟的人；民间信仰佛教的人也常称呼为佛祖、如来佛祖。民间以农历四月初八为释迦牟尼诞辰。

释迦牟尼少年时接受婆罗门教的传统教育，兼习兵法与武艺，是一个骑射击剑的能手。相传释迦牟尼 16 岁那年曾驾车出游，在东南西三门的路上先后遇着老人、病人和死尸，亲眼看到衰老、消瘦和凄惨的状况，非常感伤和苦恼。

紫檀释迦牟尼

释迦牟尼像

释迦牟尼像

释迦牟尼像

最后在北门外遇见一位出家修道的沙门，从沙门那里听到出家可以解脱生死病老的道理，便萌发了出家修道的想法。29 岁（一说 19 岁）时，他不顾父王的多次劝阻，毅然离开妻儿，舍弃王族生活，出家修道。

离家之后，释迦牟尼先到王舍城郊外学习禅定，后又在尼连禅河畔的树林中独修苦行，每天只吃一餐，后来七天进一餐，穿树皮，睡牛粪。6 年后，身体消瘦，形同枯木，仍无所得，无法找到解脱之道。于是便放弃苦行，入尼连禅河洗净了身体，沐浴后接受了一个牧女供养的乳糜，恢复了健康。之后他渡过尼连禅河，来到伽耶城外的荜钵罗树（即菩提树）下，沉思默想。

据说，经过七天七夜，终于恍然大悟，确信已经洞达了人生痛苦的本源，断除了生老病死的根本，使贪、瞋、痴等烦恼不再起于心头。这标志着他觉悟成道，成了佛。佛即佛陀，意为觉者、知者。这一年释迦牟尼 35 岁。

释迦牟尼成佛后，开始他的传教活动。首先在鹿野苑找到曾随他一道出家的阿若憍陈如等 5 个侍从，并向他们讲说自己获得彻悟的道理，佛教史上称这次说法为“初转法轮”。释迦牟尼不久又旅行各地，足迹遍布恒河流域。所到之处，专心讲道，奠定了原始佛教基本教义，并组成了传教的僧团。据说弟子有 500 人，著名的有大迦叶、舍利弗、目犍连、阿难陀、优婆离等十大弟子。佛、法、僧这佛教的“三宝”已具备，佛教正式形成。

释迦牟尼

木雕阿难

观音

观音菩萨，又作观世音菩萨、观自在菩萨、光世音菩萨等，从字面解释就是“观察（世间民众的）声音”的菩萨，是四大菩萨之一。观音相貌端庄慈祥，经常手持净瓶杨柳，具有无量的智慧和神通，大慈大悲，普救人间疾苦。当人们遇到灾难时，只要念其名号，便前往救度，所以称观世音。在佛教中，观音是西方极乐世界教主阿弥陀佛座下的上首菩萨，同大势至菩萨一起，是阿弥陀佛身边的胁侍菩萨，并称“西方三圣”。

观音菩萨

地藏菩萨

文殊菩萨

观音菩萨与文殊菩萨、普贤菩萨、地藏菩萨一起，被称为四大菩萨。观世音位居各大菩萨之首，是百姓最崇奉的菩萨，拥有的信徒最多，影响最大。她是大乘佛教慈悲救世精神的最深刻诠释，是久已成就的古佛，号“正法明如来”，为度众生倒驾慈航，现菩萨身。菩萨有三十二应，即佛、居士等种种身相，众生应以何身得度，菩萨则现何身而为说法，随缘救度。菩萨无极之体，当然更无皮囊色身和男女之相的执着了。古印度佛教中，观世音菩萨像既有现男相也有现女相的。到中国南宋以后，女性的观音菩萨已深植中国百姓心中。

“家家弥陀佛，户户观世音。”慈悲即观音，在中国妇孺皆知。观世音菩萨象征存在的真理，无形而无所不在，在国际上有“人类的仁慈保护者”之称。

菩萨行无缘大慈，运同体大悲，大慈与人乐，大悲拔人苦，在智、悲、行、愿之中，观音菩萨发扬人间救苦救难的品格，成为慈悲的化身。“天有不测风云，人有旦夕祸福。”在自然界的灾变与人间社会祸难不可能消除的情况下，观世音菩萨就是人们心中的希冀。

观音立像

观音坐像

历代观音造型

唐代佛教发展极为迅速，玄奘法师往印度求取佛经，促进了汉地佛教的发展。唐代观音造型的木雕从这一时期逐渐风靡起来。

宋代创造了独特的自在观音造型，使得观音的造型多元化。人们因不同的喜好、不同的祈愿，将观音创造成不同的造型，使得观音文化在汉传佛教文化中独树一帜。

元代虽然是少数民族统治的年代，但由于蒙古统治者实行民族隔离的政策等原因，汉族文化的传统在民间延续下来。

宋自在观音

明观音

清观音

明代恢复了汉族的统治，木雕艺术继承了宋代。在观音造型方面，明代创造了新的造像——骑犼观音。

清代是多元化发展的时期，少数民族的统治促进了民族文化之间的融合，蒙古佛教、藏传佛教、汉传佛教相互融合，出现了更多的观音造型。

民间常常出现的观音造型还有千手观音和送子观音等，千手观音体现了人们对观音神通的崇拜，而送子观音则体现了人们更加具体的祈求。

当代观音

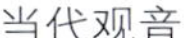
当代观音

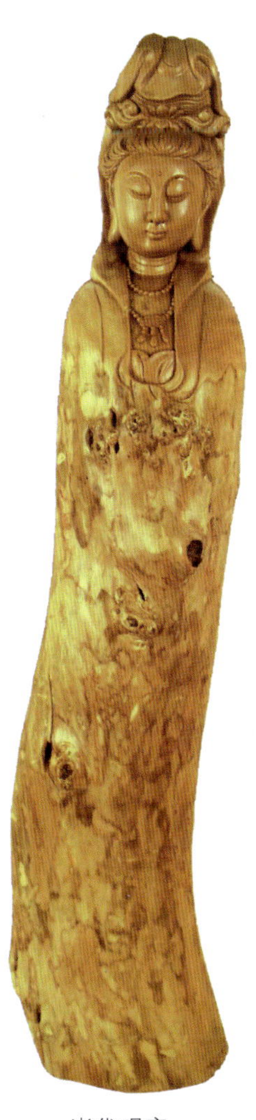
当代观音

千手观音

送子观音

十八罗汉

十八罗汉是指佛教传说中十八位永住世间、护持正法的“阿罗汉”，由十六罗汉加二尊者而来。他们都是历史人物，均为释迦牟尼的弟子。十六罗汉主要流行于唐代，唐末开始出现十八罗汉，到宋代时，则盛行十八罗汉了。

十八罗汉

◆ **骑鹿罗汉**

佛教名称为“宾度罗跋罗堕阇尊者”。原为古印度拘舍弥城优陀延王宰相之子，后出家成了罗汉。他道行很深，神通广大，故佛祖指定他接引、辅佐未来佛弥勒，为“四大罗汉”之一。由于他化缘有方，故中国禅林食堂常供奉他的塑像。他对佛教极为虔诚，曾骑鹿回到拘舍弥城王宫，劝导国王出家，并获得了成功，故世人称其为“骑鹿罗汉”。

骑鹿罗汉

材质：香樟木

尺寸：22 厘米 ×10 厘米 ×25 厘米

欢喜罗汉

材质：香樟木

尺寸：22 厘米 ×18 厘米 ×26 厘米

◆ **欢喜罗汉**

佛教名称为“迦诺迦伐蹉尊者”。是古印度论师之一。论师即善于谈论佛学的演说家及雄辩家。有人问他什么叫做喜，他解释说：由听觉、视觉、嗅觉、味觉和触觉而感到快乐之喜。故世人称其为“欢喜罗汉”，也有称其为“哈哈罗汉”。

◆ 举钵罗汉

佛教名称为“迦诺迦跋厘堕阇尊者”。他原是一个化缘的和尚，后来修成正果。他化缘的方式与众不同，常常举起铁钵向人求乞，故世人称其为“举钵罗汉”。

举钵罗汉

材质：香樟木

尺寸：17 厘米 ×8 厘米 ×26 厘米

托塔罗汉

材质：香樟木

尺寸：18 厘米 ×13 厘米 ×23 厘米

◆ 托塔罗汉

佛教名称为“苏频陀尊者”。出生于舍卫城一位长者家里，仪态端庄，聪慧过人，对佛的追求执着，年纪虽小，但修行却超过师兄。其手中时时托着一尊宝塔，塔中藏有舍利，为佛的象征，故世人称其为“托塔罗汉”。

◆ 静思罗汉

佛教名称为“诺距罗尊者”。原为古印度一名勇猛的战士，体格魁伟。出家后，佛祖为收敛他那种拼杀性格，一直让他静坐沉思，故世人称其为“静思罗汉”。

静思罗汉
材质：香樟木
尺寸：16 厘米 ×11 厘米 ×22 厘米

渡江罗汉
材质：香樟木
尺寸：18 厘米 ×8 厘米 ×26 厘米

◆ 渡江罗汉

佛教名称为“跋陀罗尊者”。出生在跋陀罗树下，后皈依佛门，主管浴事。修成正果后，曾乘船去东印度群岛传播佛教，故世人称其为“渡江罗汉”。

◆ **骑象罗汉**

佛教名称为“迦理迦尊者”。原为古印度的一位驯象师，后出家修成了罗汉，故世人称其为“骑象罗汉”。

骑象罗汉

材质：香樟木

尺寸：24 厘米 ×10 厘米 ×26 厘米

◆ **戏狮罗汉**

佛教名称为“伐阇罗弗多罗尊者”。原为古印度一狩猎者，出家后放下屠刀，专心修行得罗汉正果。两只小狮子感激他戒了杀生，特跑到他身边。此后，他便笑呵呵地将小狮子带在身边，故世人称其为“戏狮罗汉”。

戏狮罗汉

材质：香樟木

尺寸：20 厘米 ×10 厘米 ×25 厘米

◆ **开心罗汉**

佛教名称为“戍博迦尊者”。原为中天竺太子，其弟想争夺王位作乱，他便揭开衣服表明心迹说：“我心中只有佛，从来不想当国王。”弟弟见他心中果有一尊佛，便不再作乱。故世人称其为“开心罗汉”。

开心罗汉
材质：香樟木
尺寸：20 厘米 ×10 厘米 ×22 厘米

探手罗汉
材质：香樟木
尺寸：18 厘米 ×9 厘米 ×27 厘米

◆ **探手罗汉**

佛教名称为“半托迦尊者”。其母为富家长女，与家奴私通，被人发觉，逃亡外地时在路边生下了他。后出家修成正果。他在打坐完毕时，常举起双手，长吐一口气，故世人称其为“探手罗汉”。

沉思罗汉

材质：香樟木

尺寸：20 厘米 ×11 厘米 ×22 厘米

◆ 沉思罗汉

佛教名称为“罗睺罗尊者”。是佛祖释迦牟尼做太子时唯一的亲生儿子，15 岁出家。相传他刚出家时调皮顽劣，后来受到父亲的严厉责备，才改过自新，最后获罗汉正果，并成为佛祖十大弟子之一。他是在沉思中觉悟，从顽道上修成正果的，故世人称其为“沉思罗汉”。

挖耳罗汉

材质：香樟木

尺寸：23 厘米 ×10 厘米 ×25 厘米

◆ 挖耳罗汉

佛教名称为“那伽犀那尊者”。他是佛教中的理论家，对六根（即眼、耳、鼻、舌、身、意六种感官及其功能）有较深的研究，其中尤以论述耳根清净最为专长，因此他的塑像或画像多作挖耳状，世人称其为“挖耳罗汉”。

◆ 布袋罗汉

佛教名称为“因揭陀尊者”。原是古印度的捕蛇者，他捉住毒蛇后便拔掉毒牙将其放生，以免行人被蛇咬后中毒。他常携带一个布袋，故世人称其为“布袋罗汉”。不过，他与天王殿中的布袋和尚（名契此，世人尊称为弥勒佛）有本质上的区别。

布袋罗汉

材质：香樟木

尺寸：17 厘米 ×8 厘米 ×24 厘米

芭蕉罗汉

材质：香樟木

尺寸：28 厘米 ×14 厘米 ×17 厘米

◆ 芭蕉罗汉

佛教名称为“伐那婆斯尊者”。出生时天降大雨，雨点打得芭蕉叶沙沙作响，因此，他对芭蕉产生了一定的感情。出家后常在芭蕉下修行用功，故世人称其为“芭蕉罗汉”。

◆ **长眉罗汉**

佛教名称为“阿氏多尊者”。出生时长着两条长长的白色眉毛，这成了他生理上的一大特征，故修成罗汉后，世人便称其为“长眉罗汉”。

长眉罗汉

材质：香樟木

尺寸：20 厘米 ×14 厘米 ×30 厘米

◆ **看门罗汉**

佛教名称为“注荼半托迦尊者”。和探手罗汉是两兄弟。他化缘时常用拳头拍打布施者的屋门，佛祖感到这样做不够礼貌，便赐给他一根锡杖，叫其摇动锡杖发出声音来促使布施者开门布施。锡杖后来成了和尚的禅杖。世人便称其为“看门罗汉”。

看门罗汉

材质：香樟木

尺寸：14 厘米 ×9 厘米 ×31 厘米

◆ 降龙罗汉

一说是佛教中的“迦叶尊者”，是佛祖座下的弟子。另外一种说法是他是《大阿罗汉难提密多罗所说法住记》的作者，叫“庆友尊者”，他记载了16位罗汉的姓名和出处，使“十六罗汉”逐渐流传。传说古印度有龙王用洪水淹那竭国，将佛经藏于龙宫。后来庆友尊者降服了龙王取回佛经，立了大功，故称他为“降龙尊者”，后来渐渐演变成为“降龙罗汉”。传说济公就是降龙罗汉转世。

降龙罗汉

材质：香樟木

尺寸：24 厘米 ×17 厘米 ×27 厘米

◆ 伏虎罗汉

一种说法是“弥勒尊者”，另一种说法为“宾头卢尊者”。传说他修行的寺门外常闻虎啸，他认为这是猛虎饿了，便将自己的饭食分一半喂这只猛虎，久而久之，猛虎便被他驯服了，并常来寺院和他玩耍。故世人称其为“伏虎罗汉”。

伏虎罗汉

材质：香樟木

尺寸：46 厘米 ×15 厘米 ×25 厘米

弥勒佛

佛教八大菩萨之一，大乘佛教经典中又常称其为阿逸多菩萨，是释迦牟尼佛的继任者。弥勒佛在中国民间深受喜爱，其像满脸欢乐的笑容，带有强烈的喜感，看起来平易近人；动作则没有固定的模式，创作者一般根据具体艺术需要进行创作。

五子戏弥勒

弥勒佛

笑佛送宝

达摩

达摩是中国禅宗的始祖，因此中国的禅宗又称达摩宗。达摩被尊称为“东土第一代祖师”“达摩祖师”，与宝志禅师、傅大士合称“梁代三大士”。他于中国南朝时期航海到广州。梁武帝信佛，达摩到达都城建康（今南京）会见梁武帝，但梁武帝并不认同达摩的佛法。于是达摩北上北魏都城洛阳，后于嵩山少林寺面壁九年，传衣钵于慧可。达摩留下来的传说很多，据传少林寺《易筋经》、“少林七十二绝技”都是达摩创立的。

达摩

达摩（局部）

历史文化人物

中华民族的历史源远流长，是世界文明中一颗灿烂的明珠。其中有明确的历史年表记载的有 3000 多年，封建王朝的历史也有 2000 多年。更重要的是，中华民族的文化一直屹立不倒，即使遭受外族侵略等一些苦难，民族文化也从未因此而中断。这在世界历史上几乎是绝无仅有的。因此我们可以说，中华民族的文化绝对称得上是最丰富的民族文化。

林中嬉戏

文王求贤

文王求贤（局部）

如此丰富的历史为木雕艺术提供了数不胜数的创作素材，以历史人物为造型的木雕艺术品也多不胜数，表现出了丰富的文化内涵。作为一个中国人，有必要了解我们民族的历史。木雕艺术将历史与艺术美感相结合，具有了更深刻的文化内涵。欣赏历史人物木雕，既是艺术美的享受，也是对历史文化的探寻。

浮雕人物楣板

历史人物木雕集锦

姜太公

商朝末年，商纣王荒淫无道，从属于商朝的诸侯国周国渐渐崛起。周文王爱戴百姓，施行仁政，使得周朝渐渐积聚了强大的实力。他求贤若渴，四处寻访有才干的名士，于渭水河畔遇到了垂钓的姜太公。姜太公当时已经 80 岁，但一直在等待能够赏识自己的伯乐。得到姜子牙的辅佐之后，周国势力更加强大，渐渐占据了商朝三分之二的国土。文王死后，武王继位，在姜子牙的辅佐下兴兵伐纣，最终建立了周朝。

神话小说《封神演义》是以武王伐纣的故事为蓝本创造的小说，其中把姜子牙设定为道教“三清”之一元始天尊的弟子，文王求贤也是其中的情节之一。

姜太公钓鱼

孔子

孔子（前551—前479年），名丘，字仲尼，鲁国陬邑（今山东曲阜东南）人，祖上为宋国贵族。孔子是我国春秋末期的伟大思想家和教育家，也是儒家思想的创始人。孔子集华夏上古文化之大成，在世时已被誉为“天纵之圣”“天之木铎”，是当时社会上最博学者之一，被后世统治者尊为孔圣人、至圣、至圣先师、万世师表，被联合国教科文组织评选为“世界十大文化名人”之首。孔子和儒家思想对中国和朝鲜半岛、日本、越南等地区有深远的影响。

孔子及其创立的儒家思想对中华民族的影响极为深远，在2000多年的时间里都被奉为正统思想。如今，又掀起了研究儒家文化的热潮，人们对孔子更加崇敬。

孔子背手立像

孔子立像

万世师表孔子像

屈原

屈原

屈原是战国末期楚国人，对楚国忠心不二，却屡遭排挤。楚怀王死后，顷襄王听信谗言将屈原流放。楚国国都郢被秦国攻破之际，屈原怀着巨大的悲愤投汨罗江而死。屈原是我国最伟大的浪漫主义诗人之一，也是我国已知最早的著名诗人。他创立了“骚体”这种文体，也开创了“香草美人”的中国诗歌传统。《离骚》是屈原最著名的代表作，体现了深刻悲愤的情感。

东方朔

东方朔是西汉辞赋家，在政治方面也颇具天赋。他曾屡次直言政治得失，向汉武帝进言富农强国之计，但汉武帝始终把他当俳优看待，不予重用。东方朔性格诙谐幽默，是中国滑稽文化的始祖，但也是因为这种天赋，反而被汉武帝当成一个玩笑取乐的伶人。

民间流传东方朔偷仙桃的故事，因此他也被看成长寿的象征，被作为寿星供奉。

东方朔立像

东方朔偷桃

三国人物

三国人物

三国时期是中国古代历史上一段纷乱的时期，留下了很多著名的人物故事和传说。尤其是《三国演义》的广泛传播，这一段历史几乎为所有中国人熟知。奸诈的曹操、仁义的刘备、忠义的关羽、智慧的诸葛亮等，这些历史上的人物通过小说被重新刻画了一遍，那些亦真亦假的故事充满魅力，让人情不自禁地沉迷其中。小说中刻画的情节虽然多有艺术创作的成分，但那些人物在历史上留下的印迹是无法磨灭的。看历史，学智慧。木雕将艺术与历史智慧相结合，使文化更好地传承下去。图片里的三国人物木雕中主角是关公，其身后站立的两人是关平和周仓。

关羽像

关公木雕

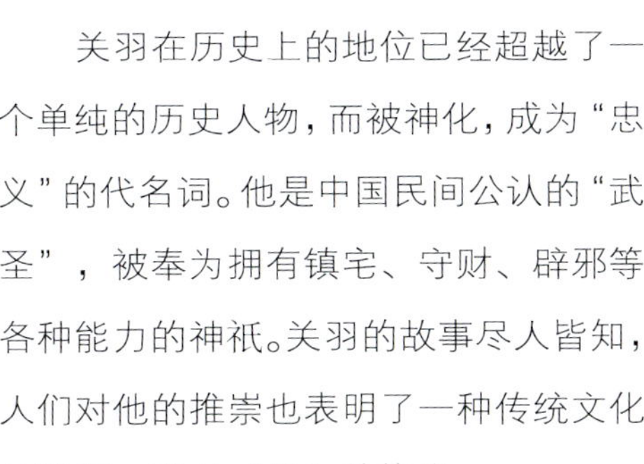

关羽在历史上的地位已经超越了一个单纯的历史人物，而被神化，成为“忠义”的代名词。他是中国民间公认的“武圣”，被奉为拥有镇宅、守财、辟邪等各种能力的神祇。关羽的故事尽人皆知，人们对他的推崇也表明了一种传统文化的精髓，即对“义”的推崇。

诸葛亮坐像

忠义千秋关公像

郭子仪

郭子仪（697—781年），华州郑县（今陕西华县）人。唐代著名军事家。武举出身，勇武不凡。安史之乱爆发时任朔方节度使，在河北打败史思明。后

郭子仪祝寿（其一）

郭子仪祝寿（其二）

任关内河东副元帅率唐军及回纥等援军收复洛阳、长安两京，功居平乱之首，晋为中书令，封汾阳郡王。代宗时，叛将僕固怀恩勾引吐蕃、回纥进犯关中地区，郭子仪正确地采取了结盟回纥、打击吐蕃的策略，保卫了国家的安宁。郭子仪戎马一生，屡建奇功，以 84 岁的高龄才告别沙场。天下因有他而获得安宁达 20 多年。他“权倾天下而朝不忌，功盖一代而主不疑”，享有崇高的威望和声誉。

郭子仪晚年儿孙满堂，得以善终，这在历史上是少有的。因此，儿孙满堂、富贵终老的郭子仪也被视为安享富贵的象征，常常出现在艺术作品中。本节图片中这几件木雕作品就是表现郭子仪夫妻双双七十大寿，儿孙齐聚的情景。

郭子仪七子八婿祝寿图

岳飞

岳飞是我国历史上著名的民族英雄，其抵抗外族侵略的精神至今仍然激励着人们。他拥有满腔的报国热忱，同时又有杰出的军事才华，是古代历史上胜率最高的将领之一。他与当时正强盛的金兵交战屡战屡胜，几乎就要收复被占领的黄河地区。同时，岳飞还是一位颇有才气的文学家，他流传后世的词作，体现了杰出的文学造诣。

但是，这样一位有着崇高的情怀，有着杰出才能的将领却遭遇了一个悲剧性的结局。岳飞遇害是历史上著名的冤案之一，人民对他的怀念表达了对英雄的讴歌，也表达了对奸臣昏君的愤慨。

岳飞抗金

郑板桥戏耍知府

郑板桥

郑板桥是清朝时期著名的文学家、书画家，“扬州八怪”之一，其诗、书、画被称为“三绝”。乾隆时期，郑板桥先后在范县、潍县做县令，为官清廉，深受百姓爱戴。尤其是在潍县主政期间，山东爆发大灾荒，他积极开仓赈灾，使得百姓平稳渡过危机。在郑板桥的治理之下，潍县百姓安居乐业。但感叹于官场上的黑暗，郑板桥最后选择辞官归隐。他一生清贫，辞官之后以卖画为生。他的书法秀劲绝伦，画清奇独立。郑板桥一生画竹最多，似乎“竹”也最能反映他坚守人格的气节。

郑板桥戏耍知府木雕表现的是民间流传的故事：某位知府是靠钱财买来的官，没有真才实学却善于收刮民脂民膏。郑板桥不愿奉承这样的庸官，在宴席上作诗讽刺知府。木雕真实地再现了郑板桥作诗后席上众人的神态。

民间人物木雕集锦

民间文化是中国传统文化的重要组成部分，它真实地反映了普通人民的生活状态与精神面貌，体现了中国人民淳朴、乐观的生活态度。以民间人物为题材的木雕作品数量很多，形态、题材丰富多样。

渔翁

以渔翁为题材的木雕作品在民间流传的数量很多，因为“渔”与“余”谐音，有富余的含义。以渔翁为题材表明了中国人民对美好生活的向往，也体现了人们对财富的追求，如图片中的渔翁得利木雕。

渔翁

捕鱼归来

渔翁与童子

童子牧牛

牧童

牧童也是常见的木雕题材，这与中国古代传统的农耕思想有关。牛对于农耕很重要，牧牛是农村人儿时的一个重要经历。同时，牧童木雕也体现了浓烈的童趣，能舒展人的心情。

牧童骑牛

童子

持如意童子像是一件善财童子的木雕。童子左手持如意，象征吉祥如意；右手持莲叶，有如意“连绵不绝”的含义。

持如意童子像

松下文士

松是“岁寒三友”之一，其起源是孔子的名言“岁寒，然后知松柏之后雕(雕通凋)”。因此，松也常常被古代文人用来明志。木雕松下文士传达的就是这样的意境，表现文士在松下读书，从自然界、先圣著述中获得智慧。

松下文士

农家乐

中国的民间文化极为丰富，而在封建时期，这种民间文化又主要体现在“农家”方面。“农家文化”是中国传统文化的重要部分，体现了独特的民族文化特征。

农家乐

弄孙为乐

童趣

当代木雕作品中，创作者的目光逐渐从传统的上层社会主流文化转向民间文化，因此出现了许多古代少见的木雕题材。《童趣》木雕就是一个例子，它贴近生活，符合广大人民的欣赏口味。《弄孙为乐》木雕凸显了老人对孙子的浓烈爱意，体现了一种儿孙绕膝的天伦之乐。

童趣

神话、小说和戏曲人物木雕集锦

文学创作是文化传承中最重要的方式之一，能够体现出文化的最高水平与境界。我国历史悠久，文学作品多不胜数，其中一些经典的神话、小说与戏曲已经深入人心，深刻影响了中国传统文化。在木雕作品中，以神话、小说和戏曲人物为题材屡见不鲜，这些木雕作品体现了中国文化的深度。

愚公移山

愚公移山出自《列子》一书，讲述一个普通的老翁移山开路的故事，体现了一种锲而不舍的精神。

愚公移山

牛郎织女

牛郎织女的传说早已经家喻户晓，这个故事歌颂了坚贞的爱情，批判了对纯美爱情的压迫行为。

牛郎织女

《西厢记》人物

《西厢记》

《西厢记》是元代著名戏曲家王实甫的代表作。这一剧作极富浪漫色彩，曲词华艳优美，富于诗的意境，可以说每支曲子都是一首美妙的抒情诗。它是我国古典戏剧的杰作，对后世以爱情为题材的小说、戏剧创作影响很大。

武松打虎

武松打虎的故事出自《水浒传》，是《水浒传》中最精彩的故事之一，充分表现出了武松的勇猛和豪气。

武松打虎

花卉篇

世界上，无论是哪个国家哪个民族，人们对花卉的喜爱都是相似的，只是由于地域气候的不同，各个民族喜爱花卉的种类有差异。

梅兰竹菊

“梅兰竹菊”被誉为“四君子”，历来受到我国文人雅士的喜爱。对于这四种花卉，古代文人不仅褒扬它们的体态外形之美，还赋予其与人格品性有关的深层次的文化含义。因此，梅兰竹菊的形象体现了我国深厚的民族文化背景。

花卉木雕一般采用浮雕或者镂空雕，并且常常与鸟类搭配，形成有特殊寓意的图案。

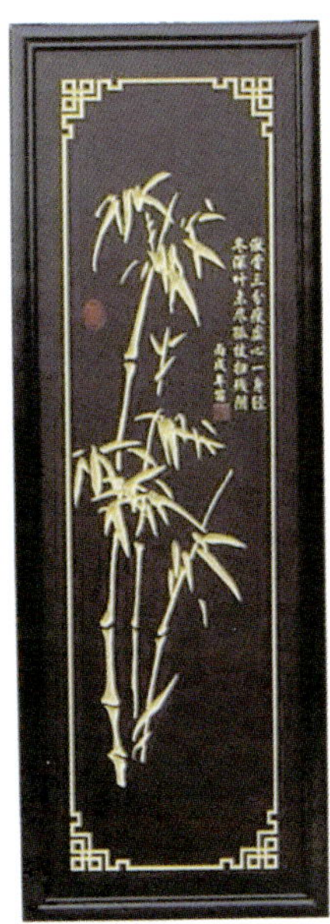

梅兰竹菊

竹

菊

梅

在古代咏花的诗词歌赋中，咏梅之作是最多的。梅花被列为“四君子”之首。梅花的特质是在寒冬中独立，象征一种隐逸淡泊、坚贞自守的精神。寒冬冰雪，正是万物凋落的季节，而梅花却能够一枝独秀，因此更容易引起文人们的注意。在文人墨客的眼中，梅花体现出了一种“不屑与百花在阳春中争艳，只在寒风中傲然挺立”的品质。这种诗意的情怀，确实值得人喜爱。

图片中的梅花木雕笔筒采用的是浮雕，重点在表现梅花的枝干，就如同文人的风骨一般。梅花的花朵较少，体现出一种低调、高洁的风格。将梅花雕刻在笔筒上，符合文人的习惯，以能很好地陶冶情操。

梅花木雕笔筒

喜鹊登梅花插

梅花木雕

兰

“空谷幽兰”，兰花的特质就在一个“幽”字。兰花往往生长在深山野谷之中，其花淡雅，叶修长，体现了一种温婉素淡的品质，与普通艳丽的花朵有很大的区别。这样的品质正好切合中国古代文人的追求，即淡泊名利，不媚俗于世，洁身自好等。因此，兰花就成为了中国诗人理想中的花朵。

兰花木雕重点在于表现其枝叶，兰花的枝叶修长简单，花朵简洁高雅，因此能够体现出一种不媚俗的气质。

香兰

兰花笔筒

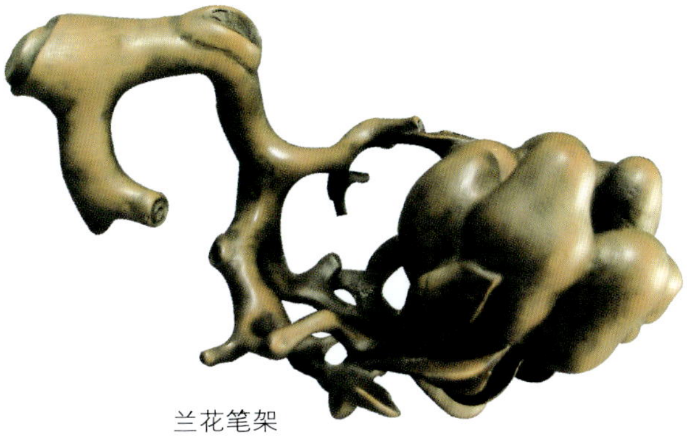

兰花笔架

竹报平安笔筒
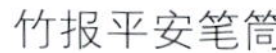

竹形木雕镇纸

竹节臂搁

竹

竹严格说来不能算作一种花卉，但是由于其独特的品质，在文人墨客的眼中，它反而比花朵更富有诗意。竹苍翠挺拔，枝干笔直，瘦骨嶙峋，这恰好符合中国文人向往的一种精神。大文豪苏东坡留下过“可使食无肉，不可居无竹”的赞语，充分表明了这一点。

另外，竹有“节”，这与汉语中的“气节”相呼应，因此文人就广泛地利用竹表现“气节”。古诗“未破土时先有节，纵凌云处犹虚心”，正是最好的诠释。

以竹为题材的木雕作品最主要表现的是其笔直、清瘦的枝干，和修长、简单的叶子，从中能够看出中国文化以及中国文人的特点，这在世界文化中是最为独特的。

除了文人墨客的影响之外，竹在中国民间还有“报平安”的寓意。竹在燃烧时会发出噼啪的爆裂声，据传说有一种危害人间的厉鬼“山魈”非常害怕这种声音，于是人们渐渐形成了燃烧竹管的风俗，称之为“爆竹”。后来火药被发明，但这个称呼却保留了下来。

竹形花插

菊

菊花常常与“秋”相连，被称为秋菊。在人们眼中，菊就是秋季的代表性植物。正是因为这种花开在百花凋零之时的独特，菊被赋予了高雅的情怀。秋风飒飒，环境变得恶劣，正好像中国古代文人对世事的看法。文人大多怀着济世的崇高情怀，而往往世事维艰，处处艰难险阻。菊花也面临着同样的环境。但是菊花迎难而上，傲然挺立，在秋凋中独树一帜，表现出一种锐意进取的品质。因此，文人便以这种精神自勉，将秋菊作为一种达观进取的象征。

菊花品种繁多，颜色各异。其花朵硕大，花瓣繁多，在萧瑟的秋季中显得尤为珍贵。因此，雕刻菊花时重点在表现其花朵。

圆雕菊花

菊花木雕杯

菊花纹雕花板

■ 牡丹

牡丹开时花朵大，花瓣繁多，色彩艳丽，显得雍容华贵，因此被人们视为富贵的象征。牡丹素有“国色天香”的美称，体现了高贵的气质，在国泰民安时常常被作为国家昌盛的象征。

富贵牡丹

花开富贵

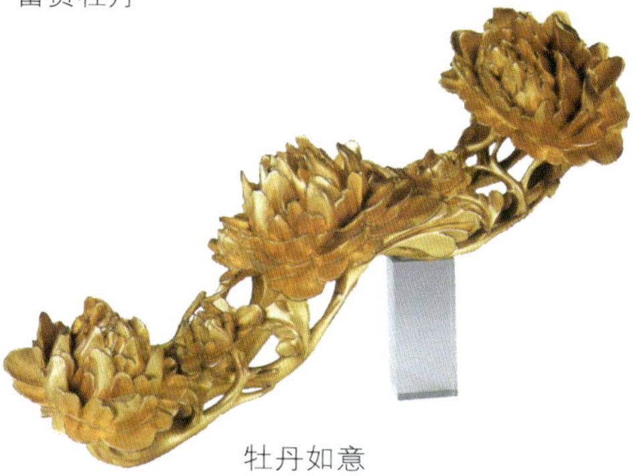

牡丹如意

文化衔接

木雕牡丹如意是清代文物，现藏于北京故宫博物院。它长20厘米，通体用金漆涂饰，显得高贵不凡。如意本是一种挠痒的器具，别称“不求人”。后来，如意渐渐演变成一种赏玩之物，有了“如意吉祥”的寓意。而牡丹又是富贵的象征，两者相得益彰，显得富丽堂皇。

 莲

莲花清洁，寓意极多，自古就有“出淤泥而不染”的赞誉。莲与“廉”谐音，因此许多官员以莲花自勉。莲花常常并蒂而生，因此被作为爱情的象征。莲子也被人们作为“连生贵子”的象征，在民间婚配中有着很多相关的习俗。

在佛教文化中，莲花圣洁无比，是一种“圣花”。佛教中的许多菩萨，都是从莲花中生出的，而且很多菩萨都以莲台为座。

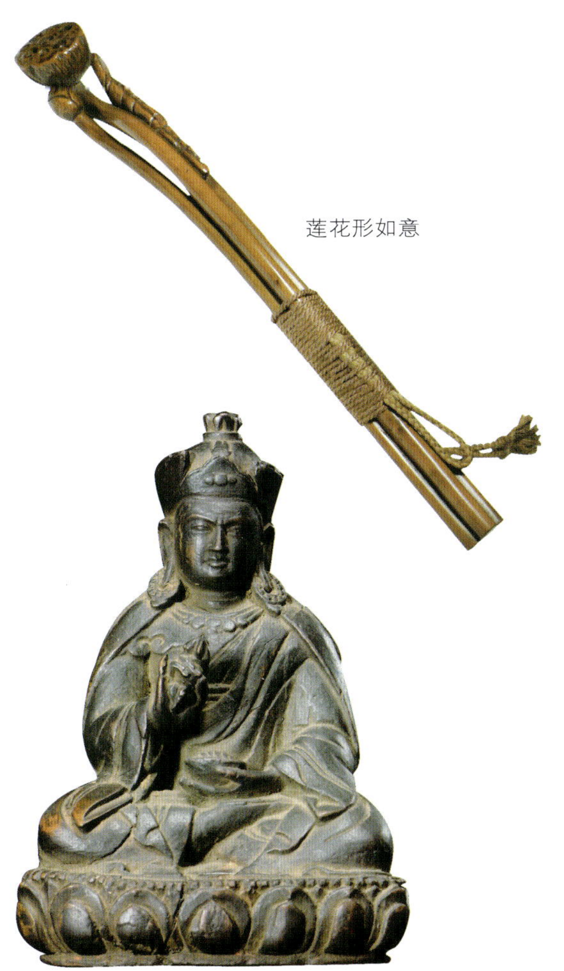

莲花形如意

佛坐莲台

莲花笔筒

缠枝莲笔筒

动物篇

龙

龙是中国文化的独特产物，是中国古代人民崇拜的一种神兽。在中国古代神话和传说中，龙的形象多次出现，成为独一无二的虚幻动物。传说龙是在九种动物的基础上被创造出来的，兼具这九种动物的特征和长处，成为具有灵气的神兽。

中国古代帝王都以龙作为自己的象征，号称“真龙天子”，由此可见龙在中国文化中的巨大影响。

龙是一种想象出来的动物，因此没有实物作为雕刻的参照，古往今来龙的雕刻千变万化，没有统一的形态。木雕作品中的龙的形象也是如此，但无论哪种雕刻，刻者动刀前在心中一般都有明确的形象和风格。

龙纹挂屏

龙形木雕

龙纹木雕笔筒

凤凰

凤凰笔筒

凤凰也是中国传说中的一种神兽，是百鸟之王。凤凰是雌雄统称，凤是雄，凰是雌。古人认为凤凰是富贵、太平的象征，凤凰飞来则意味着一种吉兆。尽管凤凰是传说中虚构的动物，但它却是百鸟之王，有百鸟朝凤之说，这和龙的传说异曲同工。而且，凤凰也被作为封建皇权的一种象征，是龙的从属。古代帝王的嫔妃的象征图腾即为凤。

凤凰的特征之一是其优美的长尾翼，这也是木雕工艺中最注重、体现得最突出的特征。木雕凤凰带有一种温柔的体态美，这与龙张牙舞爪的雄壮之气有着明显的区别。

百鸟朝凤檀香木雕

凤凰木雕挂饰

透雕麒麟

麒麟

麒麟是中国人创造出来的一种动物，它集合了很多常见动物的不同特征。麒麟的传说故事不多见，但是在一些民间艺术作品中却常常可以见到它的身影，被作为富贵、智慧、吉祥的象征。民间有一种说法，凤是飞禽之王，麒麟是走兽之王。还有一种说法，将麒麟作为“龙生九子”的“九子”之一，是神的坐骑，也是祥瑞的象征。

从外形上来看，麒麟与龙有一些相似之处，尤其是头部。但麒麟是走兽，因此有健壮的四肢。而传说中的龙则会腾云驾雾，因此没有腿，而有爪。

浮雕麒麟

■ 虎

虎是百兽之王，威猛无比，常常被作为威猛的象征。例如，人们将勇猛的将领称为“虎将”。古人对老虎这种动物是极为畏惧的，但同时又崇拜老虎的威猛之气。因此，老虎也成为威严与权势的象征，让人敬而远之，觉得威严不可侵犯。

在虎的雕刻中，最突出表现的是其威猛的气势，因此木雕作品中的虎总是张牙舞爪，让人望而生畏，重在体现其“凶猛”。

威震山河

虎啸山林

狮

狮子不是中国原产的动物，因此狮子在中国文化中并不常见，十二生肖中没有狮，四大神兽中也没有狮。但是，镇门石狮自唐代以来就形成风俗，类似的习俗还有舞狮等。这些习俗的形成体现了中国人民对狮子的喜爱。雄狮有浓厚的鬃毛，能让人产生一种不怒自威的感觉，这也是将其作为镇门兽的原因。

在佛教文化中，狮子是一种吉兽，文殊菩萨的坐骑就是狮子。因此，狮子也成为一种护佛神兽。

怒狮镇宅

双狮戏球

狮子木雕作品不像老虎木雕那样刻意体现张牙舞爪、蓄势待发的样子，而多体现一种凛然端坐、岿然不动的气势。因此雕刻狮子重在体现一个“威”字。

金马玉堂

■ 马

马是我们生活中常见的动物，也是与人类历史息息相关的动物。马擅长奔跑，且有很强的负重能力，在古代是战场上最理想的坐骑，也是古代交通运输中的重要畜力。马的性格温和，对饲料不挑剔等，使得它受到人们的赞扬和喜爱。另外，马还有“马到成功”的寓意。

在木雕作品中，创作者一般着重体现的是马健壮、匀称的身体，尤其是其四肢。小的细节有马蹄、马尾，脖子上的鬃毛等。由于人类在生活中常常与马接触，因此对马的嘶鸣声非常熟悉。木雕虽然不能表现声音，但能够通过马嘶鸣的表情将嘶鸣声体现出来。马在奔跑时具有强烈的动态美，因此奔跑中的马在木雕作品中常常出现。

马上关公

马到成功

骏马奔腾

由于马在古代战场上的重要性，在表现古代战争的木雕作品中，马就成了不可缺少的部分。历史上有名的战马坐骑很多，例如项羽的乌骓、吕布的赤兔（后属关羽）、刘备的的卢等。因此，马的形象常常与历史上的名将一起出现在木雕作品中。

牛

牛是又一种与人类生活息息相关的动物，尤其是在农耕社会时期的中国，牛是必不可少的开垦土地的畜力。牛不善于奔跑，但是有着很大的力量，牛的个性温和，在被役使时也总是任劳任怨，因此被古代人民作为勤劳和忠厚老实的象征。

如今，由于股市的兴起，牛又被赋予了新的含义，成为红火向上的标志。这使得牛的寓意比以往更多了。

牛是朴实、力量的象征，创作其木雕时，最应该突出其厚重的身体，以及独特的牛角，以产生一往无前的气势。

气冲斗牛

舐犊情深

吴牛喘月

■ 龟

龟最突出的象征意义就是长寿，此外，还有镇宅的寓意。在中国古代的文化传说中，就有龟的身影。最著名的就是“四灵兽”之一的“玄武”。玄武是龟和蛇合体组成的灵物，具体形象是蛇缠绕在龟身上。在古代中国，玄武是镇守北方的神祇，说明了龟在中国文化中的重要地位。

在古代，龟甲是占卜的重要工具。古人用火灼龟甲查看裂纹，或将铜钱置于龟甲中，都是古老的占卜方式。除此之外，龟甲还承载着汉字的起源。甲骨文即殷人刻在龟甲或者兽骨上的文字。由于这些因素，龟在中华文化上的重要地位也就不足为奇了。

如今，龟大多被作为长寿的象征。在木雕作品中，其最突出的特征就是带着纹的龟甲。

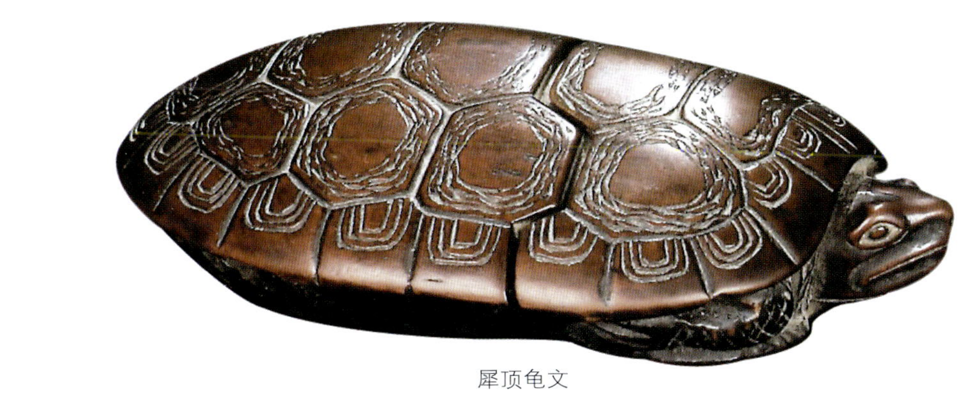

犀顶龟文

龟龙鳞凤

龟龙片甲

■ 鹰

鹰是现实中的猛禽，是名副其实的“鸟类王者”。广义上的鹰的种类很多，包括雕、隼等。鹰一般以鼠、蛇、野兔等为食，大型老鹰甚至能够猎杀山羊或者小鹿。成年老鹰的双翼展开之后能达到4米多，靠强有力的利爪捕捉猎物，再用有力的喙撕开猎物。鹰不仅外形优美，还有着十分突出的视力。它们在高空中盘旋，一旦发现猎物则立刻俯冲而下。

由于鹰的这些特点，木雕作品着重于体现其利爪，坚硬的喙以及明亮、深邃的眼睛。有些木雕作品刻画鹰捕猎时的勇猛，体现出强烈的动态美。

鹰击长空

鹰视虎步

喜鹊

喜鹊是一种常见的鸟类，体态娇小，叫声优美，因此被人作为吉祥的象征，被称为“报喜鸟”。喜鹊常常出现在人多的地方，在人迹罕至的深山野林反而较少，喜鹊的这种“人缘”也成为它被人喜爱的原因之一。在神话故事中，喜鹊也常

喜鹊木雕挂件

喜上眉梢笔筒

喜鹊纹雕花板

常出现，最著名的莫过于牛郎织女借助鹊桥相会的故事了。

在木雕作品中，喜鹊常常与花卉一同出现，寓意“喜上眉梢”。现在，一些喜鹊外形的把件也广受欢迎。

■ 鱼

在汉语中，鱼和“余”谐音，鱼是逢年过节或者各种喜事中不可缺少的菜品，寓意为“年年有余”。

年年有余木雕挂件

鲤鱼跃龙门

鲤跃龙门，又称“鲤鱼跳龙门”“鱼化龙”。《辛氏三秦记》云：“河津一名龙门，巨灵迹犹在……水陆不通，龟鱼之属莫能上。江海大鱼洎集门下数千，不得上，上则为龙。故云：‘曝鳃龙门，垂耳辕下。’”这是鲤跃龙门传说的由来。据传说，大禹为了治水，力劈大山，使黄河之水猛然跌落绝壁形成瀑布。而黄河中的许多鲤鱼被冲下悬崖，再也无法返回上游。后经玉帝批准，下游的鲤鱼如果能够跃过悬崖，便可以化为飞龙。于是，无数鲤鱼聚在瀑布下，奋力跳跃。偶尔能够一跃而过，立刻化为苍龙，腾空飞起。后世便以“龙门”作为富贵和身份的象征，平民飞黄腾达被称为“鲤鱼跃龙门”。在古代科举考试中，考场也称“龙门”，参加科举考试获得功名即“登龙门”。白居易《醉别程秀才》云：“黄河三尺鲤，本在孟津居。点额不成龙，归来伴凡鱼。”鲤跃龙门体现了人们对富贵高升的美好渴望。

鱼化龙

紫檀雕五子登科

金鸡报晓

鸡

鸡是十二生肖之一，由于雄鸡报晓，仰天长鸣，常常被赋予“惜时”的寓意，以提醒人们珍惜光阴。图片中的木雕金鸡报晓，十分形象地雕刻出了雄鸡长鸣时的形态，虽只见其形，犹如能闻其声。

相濡以沫

狗

狗是人类最早驯养的家畜之一，与人类极为亲近。狗有看门的作用，因此以狗为题材的木雕有看守家宅的含义。

鼠

人们自古以来对老鼠都极为厌恶，因为老鼠偷盗粮食，偷窃人类的劳动果实。到了近代，这种看法才逐渐改变，一些具有可爱外形的鼠类也成为人们的宠物。以老鼠为题材的木雕，体现了独特的趣味。

老鼠偷油

猫头鹰

猫头鹰在古代并不受人们的喜爱，其叫声难听，而且常常在夜间活动，被作为一种不祥的象征。因此在古代木雕作品中，很少以猫头鹰为素材。但随着人们对猫头鹰的逐步了解，对它的看法有了很大的变化，一些猫头鹰木雕渐渐出现。

猫头鹰最大的特征无疑就是那双大眼睛，木雕作品多注重于表现此特点。猫头鹰捕食都是在夜间，捕食的姿态难得一见，所以在木雕作品中，大多刻画它站立在枝头的憨态。

猫头鹰

猫头鹰（背面）

实用型木雕

艺术源于生活，木雕艺术的起源也与生活息息相关。一些传统的木雕作品，更注重实用性，雕刻是为了增加实用物的观赏性。这类木雕作品可称为实用型木雕。它们虽然侧重于实用的目的，但艺术上也有讲究，不仅仅是雕刻，还带有结构分布等艺术色彩。实用型木雕充分体现了中国传统艺术中艺术与生活相结合的特点，形成"生活处处皆艺术"的超然情怀。

实用型木雕主要是指家具。我国的家具历史悠久、工艺精湛，在明代发展到了高峰，形成了鲜明、独特的民族风格。我国的家具又呈现出鲜明的地域性特征，如苏州等地，都具有明显的地方风格。清代，中国又经历了一次民族大融合，传统家具融入了一些少数民族的风格和习俗，达到了一个新的高峰。清朝家具结构精致，经久耐用。由于漆艺的进步，使得家具更加美观，也增加了家具保存的时间。

木雕红木四件柜

木雕百宝柜

百宝柜

百宝柜是传统家具中的一种，这种家具暗格、抽屉数量非常多，因此得名。

八仙桌、太师椅

传统家具中，即使最普通的桌椅也别具特色。传统家具中的桌称为“八仙桌”，椅称为“太师椅”，这就与普通的、现代的家具区分开来。八仙桌和太师椅注重细节处的雕刻工艺，使得整体审美层次得到提升。

红木太师椅、八仙桌

木雕罗汉床

拔步床、罗汉床

木雕拔步床

传统家具中的床都属于四柱床，以方便安放蚊帐等物。因此，床的四柱、床顶的木架就成为雕刻艺术发挥的重点。除了最普通的四柱床之外，还有一些特殊用途的床，例如拔步床和罗汉床。

拔步床也叫“八步床”，是结构最复杂、体积最大的床。其制作和雕刻工艺极为复杂，堪称最精细的传统家具。

罗汉床既有卧的功能，也有坐的功能，一般作为午间小憩、待客闲坐之用。

烛台

古代用蜡烛照明，烛台也应运而生。古代工匠常常将烛台与小型木柜相结合，使之既有承托蜡烛的作用，又能放置物品。

龙头拐杖

木雕烛台

杖头

拐杖又称“扶老”，是一种帮助老年人行走的工具。拐杖的杖头常常是木雕艺人的用心之处。

其他的实用型木雕还有笔筒、镇纸等，由此可见木雕作品的运用之广泛。它们不仅仅是可以观赏的艺术品，也是古代生活中不可或缺的工具。

木雕笔筒

木雕镇纸

第三章

鉴赏家课程——木雕艺术

木雕价值鉴定

材质鉴定

木雕艺术品的鉴定主要是原材料的材质鉴定。由于材质的不同，木雕的价值有着很大的区别。如何鉴定不同的材质，是进入木雕世界的重要课程。

木雕常见的材质有沉香木、杜鹃木、黄杨木、红花梨、樟木和楠木等。

沉香木

沉香木是一种非常特殊的木材，它的特殊之处在于混合了带有香味的油脂。它形成的原因是沉香木树干被寄生真菌侵入，发生一系列的变化，经多年在树干中沉积而形成香脂，这种香脂被称为沉香。

沉香木如意

沉香木雕喜鹊登梅

沉香木雕笔筒

沉香木的主要特点是带黑褐色，有轻微的淡香，用手触摸时有冰凉感。还有其他一些鉴别方法，例如燃烧和沉水，但是由于沉香木的珍贵，用沉香木制作的木雕作品更是千金难求，因此不建议采用这些会破坏作品的方法。基于木雕的特点，可用以下方法来鉴定沉香木：

1. 看。从颜色上看，生沉香木呈墨色；熟沉香木呈黄褐色，带有金色。如果能够看到木质面，则可以观察纹理和毛孔。沉香木的横截面没有年轮，毛孔细腻。如果在显微镜下观察，则可以看到明显的细腻发亮的油脂。

2. 闻。沉香木带有一点淡淡的药香味，香味有间歇性，一阵一阵地散发出来。如果接触到水，则立刻散发出令人心旷神怡的淡香，假沉香木一般会散发出刺鼻的杂味。

3. 摸。沉香木因为含有大量的油脂，因此切面触摸起来有一种细腻光滑的感觉，而且微微带有一丝凉意。

沉香木木雕的历史悠久，本身即有珍贵价值，作为古玩流传之后更千金难求。但正因为其珍贵程度，历来赝品极多，收藏沉香木木雕一定要谨慎。

沉香木木雕丰收

阴沉木

阴沉木一般浑身乌黑，在四川被形象地称为“乌木”，此名流传开成了“阴沉木”的俗称（它和我国红木标准中的“乌木”树种是完全不同的概念）。2000 至 4 万年前，古四川地域发生自然变异，由地震、洪水、泥石流将地上植物等全部埋入古河床等低洼处。埋入淤泥中的部分树木，在缺氧、高压状态及细菌等微生物的作用下，经过数千年甚至上万年的碳化过程，成为阴沉木。

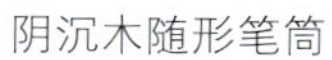

阴沉木随形笔筒

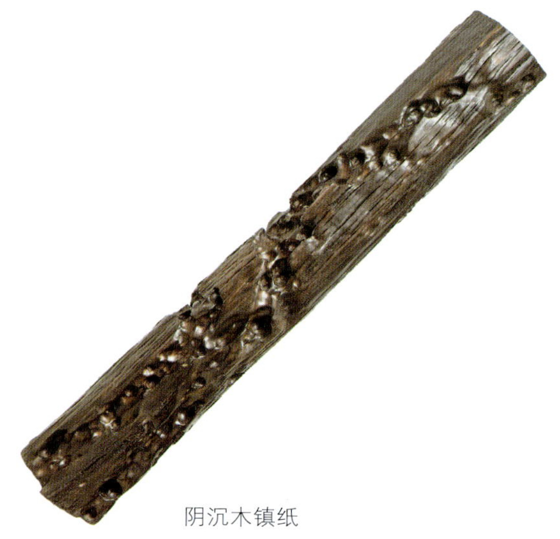

阴沉木镇纸

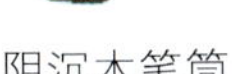
阴沉木笔筒

乌木凳

阴沉木是一种碳化木（特殊地理状态下，某些特殊的树种自然碳化而成），它介于碳和木之间，有着自己独特的木质特性；而是否是阴沉木，一般看碳化的程度，碳化得太厉害反而成煤炭了。至于传统流传的阴沉木能辟邪等说法，属于延伸了的文化范畴，使阴沉木蒙上一层神秘的面纱。

阴沉木严重碳化，一碰即碎，“因乘天地灵气，集日月之精华，乃万木之灵，灵木之尊”，四川盆地神奇的三星堆乌木与举世闻名的三星堆文物一样，是宝贵的人类遗产，是古蜀文明的重要组成部分，有活化石之美称。阴沉木历经岁月沧桑，饱受多种自然外因和内因之力，使其天然形状怪异、古朴、典雅，仪态万方，难怪外国人参观后，惊叹为“东方神木”。

杜鹃木

杜鹃木是广泛用于木雕的一种木材。其木质细腻，干净光滑，无接缝。杜鹃木分布广泛，价格适中，一般少有假冒。杜鹃木属于乔木，能生长得较为粗壮高大，因此常常被用来雕刻一些大型物件。

现在民间的杜鹃木木雕一般使用丙烯颜料，不易褪色，不易脱落。因此杜鹃木木雕一般色彩艳丽，作为装饰品非常适宜。

杜鹃木雕花开富贵盘

黄杨木雕如意

黄杨木

黄杨木纹理细腻，质地坚韧，硬度适中，没有“棕眼”，具有象牙效果，因此通常用来制作高档木雕工艺品。黄杨木属于小乔木，多生长在高山峻岭、悬崖峭壁之间。黄杨木成材周期长，有的达 500 年，属于十分珍贵的树种。黄杨木细，成材的黄杨木原木的直径也不会超过 30 厘米，所以黄杨木通常用来制

清黄杨木雕观音

黄杨木雕刘海戏金蟾

作小件木雕。由于生长周期长，又极为细小，因此黄杨木的年轮非常细密，直径 15 厘米的黄杨木可以看到上百圈年轮。黄杨木呈淡黄色，色泽天然，显得很丰润温厚。

黄杨木木雕会随着时间渐渐变色，存放时间越长，颜色越深，因此可以根据颜色来判断黄杨木木雕的年代。而一些做假的人常常会利用特殊手段将黄杨木木雕做旧，这需要鉴赏者仔细分辨。

黄杨木木雕一般最容易与水黄杨木雕混淆，两者可以从颜色、切面来分辨。黄杨木的颜色淡黄，水黄杨的颜色偏白。从切面上看，黄杨木的年轮细密，每圈年轮不会超过 1 毫米，无毛孔，手感细腻；水黄杨年轮粗大，摸起来手感干涩。

黄杨木木雕的历史非常悠久，现存最早的黄杨木雕是元代作品——铁拐李像。到明清时期，尤其是清朝，黄杨木木雕蓬勃发展，现今流传下来的黄杨木木雕文物大都是清朝的。黄杨木木雕起源于浙江乐清，现在的主要产地是浙江温州和乐清。

明黄杨木雕铁拐李

清黄杨木雕罗汉

红花梨

红花梨是我国的习惯性称呼，产地在非洲，我国市场上的红花梨通常是进口的。红花梨属于大乔木，一般高度在30米左右，直径一般为60—100厘米，最粗的红花梨直径可达140厘米。

红花梨的特点是表皮薄，大部分呈灰褐色，小片状脱落。当用手剥落外皮时，断面可以看见小白点，这是蜕化的石细胞。红花梨的内皮呈棕褐色，厚度约为6—8毫米，有分层，每层交叉排叠，分层排列环绕。树皮厚约1—1.4厘米，断面的射线肉眼可见。外皮脆，内皮韧，撕之呈条状。干皮易剥离，湿皮难剥。皮底平滑，无韧皮。木材表面光滑，溜直壮观，无细裂纹、枝桠断面，也不见虫沟。大头基本是圆形，也有梯形和五角形。小头圆。断面平整，不见锯齿啃痕，也

红花梨雕观音

红花梨雕福到眼前

红花梨雕财富马车

不见单径裂、复径裂、环裂和弧裂。心材材色变化大，新切面血红色，露大气中，由于光线作用很快呈紫褐色。有时径切面具深色（或黑色）条纹（生材断切时，心边材是不能区分的，稍后才显出边材色浅，心材为赤色）。边材灰白色或浅黄褐、燕麦片色，一般厚5—6厘米。原木越大边材越窄，大头尤为显著，生长轮不清楚。管孔肉眼下略见，放大镜下则更加明显。管孔在径切面形成导管槽，指甲可以伸进去。锯切偏斜一点，板面的导管槽好像短线头。管孔内含少许树胶或沉积物，有些塞满了管孔。在断面的管孔里常见二氧化硅，肉眼可见，放大镜下明显，在径切面个个管槽都有，会出现一条光线，在阳光下闪亮。木射线肉眼不见，放大镜下可见，甚窄，间距均匀。

红木

红木并不是某一特定树种，而是明清以来对优质稀有红褐色硬木的统称。根据国家标准，“红木”的范围确定为第5属第8类，有33个主要品种。红木包括花梨木、酸枝木、紫檀等，它们不同程度呈现黄红色或紫红色。并且红木

红木如意

红木对狮

是指这类木料的心材。除此之外的木材制作的家具都不能称为红木家具。其中，紫檀是红木中的极品。其木质坚硬，色泽紫黑、凝重，手感沉重，年轮呈纹丝状，纹理纤细，有不规则蟹爪纹。紫檀分老紫檀和新紫檀。

红木的种类繁多，价值也随不同的树种各有高低，所以鉴定红木是一门非常高深的学问。常见的红木有花梨木、酸枝木等。

花梨木又称香红木，与酸枝木构成相近。其木质坚硬，色呈红紫，纹理呈雨线状，色泽柔和。重量较轻，能浮于水中，形似木筋。

酸枝木俗称老红木。木质坚硬沉重，经久耐用，能沉于水中。结构细密，呈柠檬红色、深紫红色、紫黑色条纹，加工时散发出一种辛香。老红木与红酸

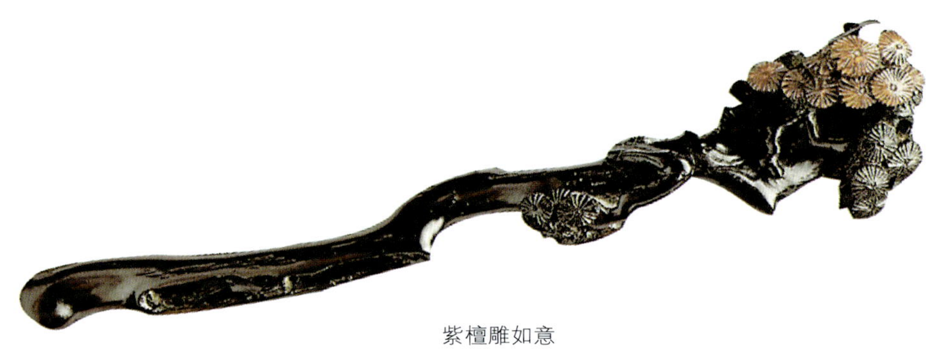

紫檀雕如意

花梨木雕雅集图山子

枝也不能混为一谈。红酸枝泛指一大类木材，包括交趾黄檀、奥氏黄檀和巴里黄檀等十几种木材。老红木只是红酸枝的一种，即交趾黄檀。虽然同为黄檀属类，但老红木色泽紫红，清晰富于变化的纹理和细密的结构是其他红酸枝无法相比的。

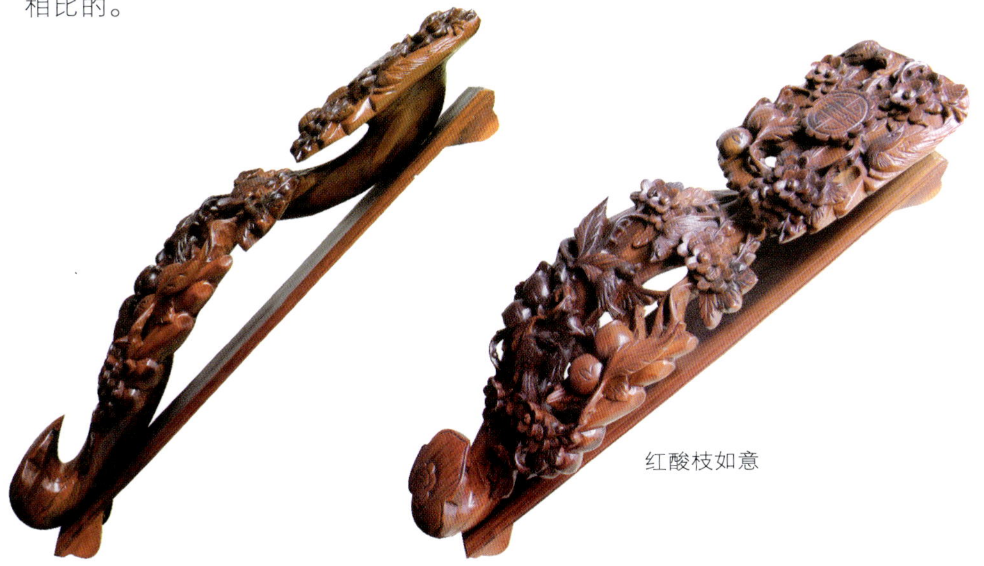

红酸枝如意

樟木

樟木属于常绿乔木，树皮呈黄褐色，有不规则的纵裂纹。我国长江以南及西南各地都是樟树广泛分布的地区。樟树种类多，都带有强烈的樟脑香气，因此也被称为香樟。香樟盛产于福建、云南、贵州、江西、湖南、浙江等地，以产于江西九江、湖南、贵州铜仁地区的樟木为最佳。香樟树生长于山坡、溪边，树高可达 30 米，树干直径可达 1 米以上。

樟木树径较大，材质优良耐腐，质重而硬。花纹美丽，纹理致密，刨面光滑，易加工。有强烈的樟脑香气，味清凉，有辛辣感，能避虫防蛀。木材呈红棕色至暗棕色，横断面生长轮明显。心材为红褐色或咖啡色的为樟木中不可多得的上品。樟木是传统木雕中最主要的也是最常用的材料。

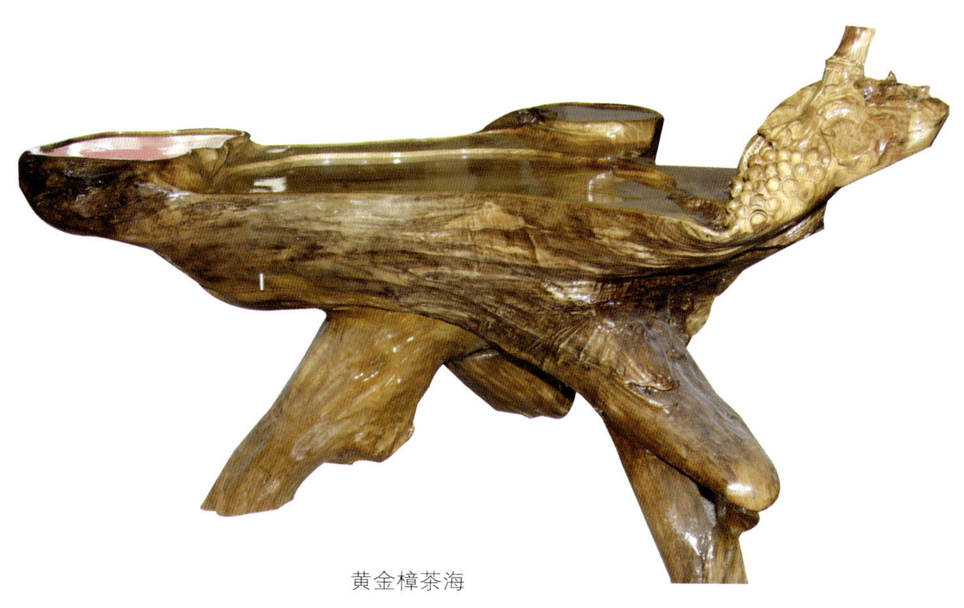

黄金樟茶海

楠木

楠木为樟科常绿乔木，分布于亚热带常绿阔叶林区。适宜温暖湿润，年平均气温 17℃左右，年降水量 1400—1600 毫米的气候。由于长期的过度砍伐，数量日益减少，现属国家二级保护濒危树种。楠木是我国特有的树种，是驰名中外的珍贵用材树种。最早天然分布在四川等地，但现在天然树种已不多见，所存楠木树林，多属人工栽培的半自然林和风景保护林。楠木材质优良，用途广泛，经济价值较高，又是著名的庭园观赏和城市绿化树种。

金丝楠荷花金鱼茶海

金丝楠荷花金鱼茶海（局部）

红豆杉

红豆杉是一种常绿乔木，属浅根植物，其主根不明显、侧根发达，是濒临灭绝的天然珍稀抗癌植物，是经过了第四纪冰川遗留下来的古老树种，在地球上已有250万年的历史。由于在自然条件下红豆杉生长速度缓慢，再生能力差，所以很长时间以来，世界范围内还没有形成大规模的红豆杉原料林基地。

檀香木

檀香科，檀香属。俗称真檀、震檀等。

檀香木是檀香的心材，不包括边材（没有香气，呈白色）。檀香是一种半寄生性小乔木，成材之后高8—15米，树干直径大致为20—30厘米，细小的仅为3—5厘米。檀香木的原产地为印度哥达维利亚河流域和印度尼西亚东、西努沙登加拉省以及东帝汶。澳大利亚，斐济等南太平洋岛国，美国的夏威夷也出产檀香。但其中仍属印度的檀香木质量最佳，印尼其次。我国也曾从国外引种，但质量稍次。

红豆杉雕弥勒佛

檀香木雕佛祖

檀香木雕观音

檀香木雕关公

我国最早使用檀香可以追溯到 1500 年以前，一般主要用于佛像雕刻及其他工艺品的制作。用檀香木雕刻出来的工艺品珍贵无比，摆放家中能散发出天然的芳香。檀香木置于橱柜之中有熏衣驱虫的作用，并能使衣物带有淡淡的檀香味。

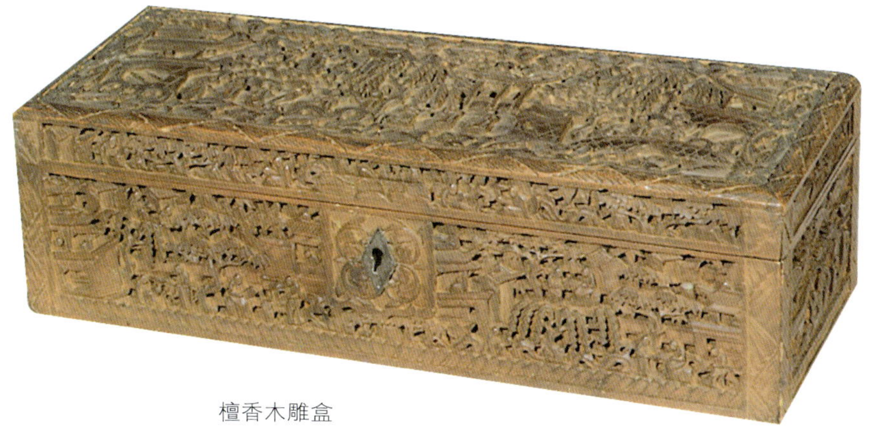

檀香木雕盒

檀香木雕山子

在收藏檀香木或鉴定檀香木雕艺术品时应把握以下基本特征：第一，檀香木一般呈黄褐色或深褐色，颜色会随着时间变深。檀香木光泽好，包浆不如紫檀或黄花梨明显。其质地坚硬、细腻、光滑，手感好，纹理通直或呈微波形，年轮较明显。第二，香气醇厚、清纯、自然，经久不散。香味会随着时间慢慢淡化，但用刀片刮削或用砂纸在表面打磨后，散出的香气仍很浓郁。利用人工香精浸泡或喷洒木材假冒的（如假檀香佛珠等），香味一般带有浓烈刺鼻的药水味且难以持久。

檀香木极其珍贵，在我国，檀香原木都依赖进口。檀香木对生长条件的要求极为严苛，因此产量低。目前，全世界的天然檀香木仅存于印度、斐济和澳大利亚等地。

木雕艺术性欣赏

民间艺术是广大人民伟大智慧的结晶，是人民基于自己的审美需求创造出的艺术。民间艺术以广大人民为依托，有着旺盛的生命力，而且更加贴近生活。木雕艺术作为民间艺术的一部分，从初始的表面刻纹和雕花转变到立体雕刻及其他多种雕刻形式相结合。其表现形式大多是对客观事物的描述，但在表现形式中已经蕴涵了一些特定的寓意和内涵。从这一角度看，木雕艺术品应该从两个方面欣赏，一是形，二是意。形是作品所用的形象，意是在形象基础上体现出来的寓意。两者相辅相成，各具特色。形意结合似乎已经成为中国传统民间艺术最常见的形式和特点。“图必有意，意必吉祥”，使得中国传统木雕艺术带有绚丽的色彩。

天女散花

传统木雕装饰件

表现题材

中国传统木雕所运用的题材丰富多彩，在明清时期的木雕作品中表现得尤为突出。谈到中国任何一种民间文化，都难以绕过儒家文化。在传统木雕艺术中，儒家文化也是最具精神教化意义的题材。儒家文化重在弘扬人伦道德、礼仪规范等，采取的形式多是历史故事、戏曲人物、神话传说等。

儒家思想经过历朝历代不断地完善，最终形成了一套严密的礼教理论体系。儒家文化的发展与统治者的推崇有着密切的联系，自汉武帝开始，“罢黜百家，独尊儒术”的策略施行之后，儒家思想便被推崇为国教，逐渐发展成为汉代的经学。魏晋时期，玄学和道家学说兴盛一时，但并未形成能够和儒学抗衡的新学说体系。到了宋代，儒家思想再一次得到了大的发展。理学的确立使得以其为代表的新儒家思想成为中国思想的主流，统治了之后的明清年代。由于统治阶级的推崇，以及一大批信奉儒家思想的知识分子的努力，儒家思想不断地在中国文化中渗透，逐渐影响到民间生活的各个角落。儒学的精神最深刻地体现了中国的传统，是中华文化中最重要的一环。儒学所倡导的伦理道德观、行为规范和礼教制度，长久以来一直影响着中国社会，也成为人们行为的重要准则。

木雕艺术作为一种民间艺术，也深受儒家思想的影响，尤以程朱理学的影响为深。传统的木雕作品，尤其是明清流传下来的木雕作品，很多都以不同的形式体现了儒家思想的基本精神。明清时期，带着明显新儒教特征的木雕艺术得到进一步发展，而且由于工艺的进步，在题材、内容及表现手法上，都比前代有了很大的进步。

简单概括木雕艺术所体现出来的儒家教义，主要包括“忠孝节义”“赞颂生活”“祈福纳祥”等方面。而表现这些主题，大多是借用神话、小说或者戏文故事，以忠臣烈女、珍禽瑞兽、祥花瑞草、吉利器物、文字符号等具体形式表现出来。

忠孝节义

“忠孝节义”可以说是儒家的社会伦理道德思想的核心内容，是儒家认为的稳定社会的基础。

忠，即忠君报国。忠在儒家思想中是首要的，儒学认为先有国后有家，而忠正是为了保证国家的稳定。“国家兴亡，匹夫有责”的思想影响了很多研习儒学的士大夫。体现这一主题的木雕人物有精忠报国的岳飞，杨家将等。

孝，即奉亲尽孝。它是儒家伦理道德的另一个核心，是为了维持社会中的小群体——家的稳定而创造的。“百善孝为先”，孝是儒学中做人的道德之本。而“老吾老以及人之老”，则是由

二十四孝笔筒

二十四孝木板图

苏武牧羊

对双亲的孝扩张到敬老养老，使得社会由家庭联系起来，构筑一个“老有所终”“幼有所长”的美德社会。体现这一主题的木雕题材主要为“二十四孝”，其人物故事有着浓重的道德教化色彩，成为社会倡导孝行的榜样。

节，即民族气节，即在外族压迫下不低头的气魄，也指妇女的贞节、节操，是对妇女的道德要求。木雕作品主要弘扬民族气节，代表人物有苏武、文天祥等。

义，即义气，是合乎正义、道德的一种气概。最能体现义的人物就是关羽，其“千

牌坊

周文王坐像

里走单骑”的故事最突出地体现了义的魅力，尤其《三国演义》问世之后，关羽的形象渐渐被神化，被后人称为“义绝”，后来甚至成为和“文圣”孔子平起平坐的“武圣”。

在木雕作品中，与儒家有关的内容还有崇王、恩荣、冠礼、读书及第等。崇王与儒家“忠君”的思想是一致的，儒家的礼教是“君臣，父子”，可见忠君是第一位的。而崇王一方面符合人民的需要，是对广施仁政的帝王的纪念和歌颂；同时，也能对当权者施行一种教化，促使帝王向古代的仁君看齐。尧舜禹汤、周文王、汉高祖、唐太宗、宋太祖等帝王，都是民间崇王木雕常见的人物。恩荣主题是对帝王恩宠贤臣的一种颂扬，是对大臣、士大夫阶级的一种鞭策，促使大臣们向贤臣看齐；同时，符合人民期待治世能臣的愿望。如木雕作品中常常出现“郭子仪祝寿”“打金枝”等题材。冠礼是古代儒家推行的一种礼节，是人走向成熟的标志。它代表了儒家礼教的教化，表明了人在冠礼之后要逐渐

郭子仪祝寿

走向成熟，接受圣贤的教导。它是儒家礼数的一个具体表现。读书及第是儒家教育中最重要的内容，也是平民阶层走向士大夫阶层的途径之一。儒家之所以能够长期占据统治地位，原因之一就是团结了下层阶级，利用科举使得下层阶级有机会出人头地，进入社会管理的阶层。科举及第被认为是光耀门楣的事，无数寒门学子也正因此实现了人生转变。

状元及第

状元及第

五子登科

赞颂生活

“赞颂生活”体现了广大人民最朴素真挚的情感，是人们对现实生活的赞美和对未来寄予希望的表现，也是一种孜孜追求、达观向上的体现。儒家思想将小康作为较理想的社会，并以“天下为公”的“大同”作为最理想社会的追求。一个有礼制秩序、仁爱谦让、生活富裕的社会，既是统治者的需要，也符合黎民百姓的愿望。“赞颂生活”主题的木雕很多，常常出现在民间居室的装饰中，并以乡土生活的内容反映出来，如农忙、家务、渔猎、纺织、节日、游园、戏曲、吟诗以及自然风光等生活场景。这类题材的木雕是对农耕文明和桃源乡土生活方式的赞美。

民间生活场景木雕

其中，“渔樵耕读”木雕是古人追求祥和太平与田园情趣的理想写照，是儒家小康之世思想的体现。渔，即捕鱼；樵，即打柴；耕，即农作；读，即读书。“渔樵耕”反映的是乡土生活，是中国小农经济的表现，如“姜太公钓鱼”“渔翁得利”“耕织图”“耕乐图”等木雕。“读”为儒家历来所重，“传家二字耕与读”，耕读是古代社会的传家之本。朱熹曾说：“穷理之要，必在于读书。”在封建科举制度的社会，只有发奋读书才有机会及第，才能改变生活，光宗耀祖。古人寒窗苦读的故事是木雕常用的题材，如“买臣负薪”“皓首穷经”等。

祈福纳祥

“祈福纳祥”主要表达了人们对生活的期盼和祝福。幸福是人类满足生存需要之后产生的新的期待，比生存高一个层次。人类告别远古年代，走出蒙昧时期，建立社会后，幸福成为人类最为关心的问题。“五福捧寿”“五福临门”“五福归堂”以及“双福”“洪福”“百福”等木雕，无不表达了人们追求幸福、憧憬未来的心态。清段玉裁《说文解字注》中对“福”的解释是：“福者，备也。

琴棋书画（左）渔樵耕读（右）

五福捧寿朱漆木盒

红木五福捧寿纹宝座

备者百顺之名也，无所不顺者之谓备。”“福”涉及我们生活的方方面面，人们对其具体的理解虽各不相同，但都是一种畅想和期盼。从不同的角度，“祈福”主要体现在福、禄、寿、喜、财等方面，具体内容则包括功名利禄、延年益寿、多子多孙、招财进宝等。

“寿”是人类一直以来非常关心的事，尤其在中国，被列为“五福”之首，长寿被认为是一种巨大的福分。佛教的转世、轮回等教义，对中国文化的影响有限。道教中修仙以长生不老，才是中国主流文化的体现。为了能长寿，古代中国形成了五花八门的祈寿术。对许多日常生活中的事物，人们也注入了与“寿”有关的内涵，以求吉利。例如广为人知的“寿桃”，将“桃”与“寿”联系在一起，源于“王母娘娘蟠桃会”和“东方朔偷桃”的传说，于是桃就成了一种长寿的象征。除此之外，仙鹤、鹿、龟、灵芝等都被赋予了“长寿”的寓意。

“禄”指的是官位与俸禄，与“五福”中第二位的“富”大致相关。受儒家思想的影响，古人将“达则兼善天下”作为一种人生理想。而“兼善”则是

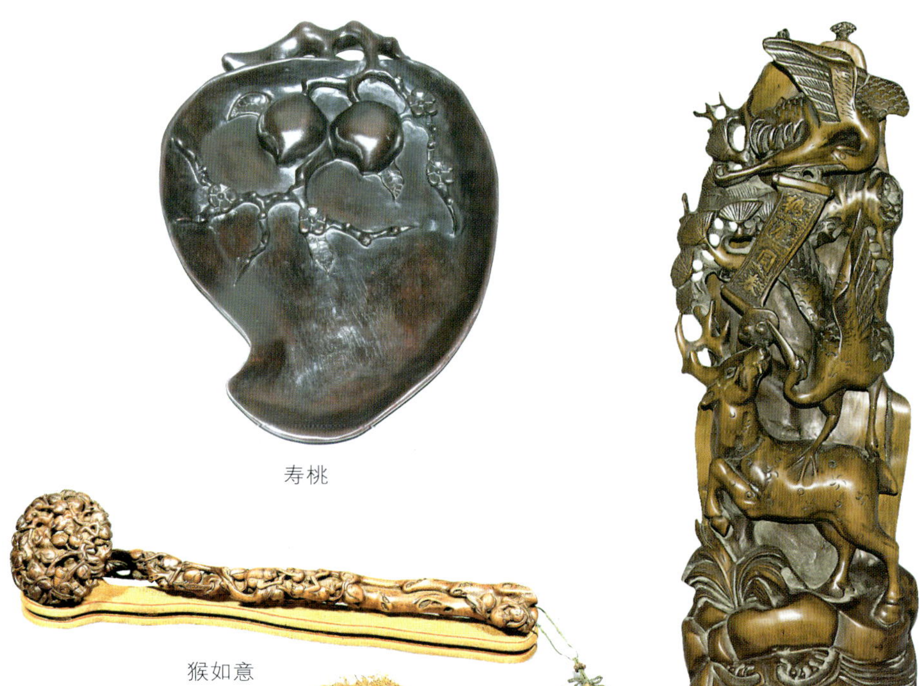

寿桃

猴如意

鹤鹿同春

通过“出仕为官”来实现。因此，“禄”就成为古人梦寐以求的愿望。当然，在古代中国，大多数的普通老百姓都没有做官的机会，更不会产生这样的奢望。但是这种愿望是一种期盼，是一种希望。虽然“禄”可望而不可即，但这并不妨碍人们对它的渴望。人们为此创造出了禄神，还赋予生活中的许多事物与“禄”相关的含义。例如“猴”与“侯”谐音，用来表示“封侯拜相”，表示官爵；“鹿”与“禄”谐音，表示俸禄。

相对于“禄”而言，“财”在普通老百姓的心中有着更加重要的地位。财富与人的生活息息相关，衣食住行、柴米油盐都与钱财有着关联，对财富的渴望是一种正当的需求。人们创造出许多掌管财富的神明，供奉膜拜，以祈求发财致富。与财富有关的神有正财神、偏财神、文财神、武财神等，与钱财有关的动物有金蟾、貔貅等。在木雕作品中，以财神为题材的作品多如牛毛，既有观赏价值，也满足了人们祈福的愿望，因此广受欢迎。

“多子多孙”也是传统木雕文化中的重要题材之一。人们将多子多孙视为一种福分，这反映了中国文化的一个重要特点，即注重家族血缘的关系。家族是组成社会的重要部分，一个强大的家族具有强大的影响力。家族兴旺、儿孙满堂，是中国人十分重视的愿望。这也体现了人们的一种生殖崇拜。在木雕作品中常常出现的具体题材有“五世同堂”“九世同居”等。同时，为了满足子孙满堂的愿望，人们创造了许多相关的神祇和瑞兽，如送子观音、送子麒麟等。一些繁殖力强的动物或植物也被作为多子多孙的象征，例如鱼和葫芦、莲子等。

财神

送子观音

图案纹样

图案主要是指在纹刻、浮雕作品中出现的纹饰。在木雕艺术品中，常见的图案有人物、动物、花卉等，这些图案都是木雕作品呈现的重点，前文有过一些叙述。

植物类图案种类繁多，大致分为树木、花卉、瓜果等，不仅能用来作为主要图案，呈现高雅的情怀，也常常用来与动物或人物图案相搭配，让木雕作品的内容显得更加丰富。在树木图案中，常常出现的有松树、柳树等，造型不定，完全根据作者的创作需要而定。树木图案在木雕创作中多作为环境的点缀，但也有少数作为主要内容，如以“岁寒三友”为题材的木雕。花卉图案种类繁多，常见的有牡丹、菊花、莲花、梅花、兰花、竹、菊花、水仙等。文人雅士的文

木雕松

葡萄纹木雕

房用品，如笔筒、笔架等，常常雕刻花卉图案，尤其是“四君子”的图案，用来表达文人高雅独立的精神追求。另外，一些有着特殊寓意的水果也常常在木雕作品中出现，如石榴、桂圆等。雕刻植物图案的技法多种多样，有浮雕、圆雕、镂空雕等，较少固定规矩的限制。不同的雕刻技法表现不同的植物特征，浮雕注重画面布局，圆雕注重立体感，镂空雕则注重虚实结合。植物图案的木雕作品也可以从雕刻技法的角度来观赏。

岁寒三友笔筒

博古格

除了作为主要内容的图案外，还有辅助类的图案。由于一些器物的特殊限制，无法雕刻复杂的图案，便需要利用纹饰图案，其作用是填补空白，使器物不显单调。在博古器物中，这类图案很多，例如博古壶、炉、鼎、盒等，常常配如意、文房四宝、琴棋书画，以及方胜、宝祥花、暗八仙、八吉祥等图案。北宋徽宗时期的《宣和博古图》，此书汇集了宋代宣和殿内珍藏的历代青铜器、瓷器、玉器以及金银器等。之后，这类器物的图案被统称为“博古”。博古是传统木雕中常见的装饰图案，受到文人雅士的喜爱。

木雕纹样包括三角形、方形、长方形、圆形、菱形、套方、六角形及自然形等造型。建筑隔扇中的纹样常见的有水波纹、绣球纹、龟背纹、冰裂纹、祥云纹、鱼鳞纹、锁纹、方胜纹、盘长纹、套环纹、如意纹、灵芝纹、火纹、飞天纹、古钱纹、金锭纹、银锭纹、拐子纹、剑环纹等。字符纹包括回纹、万字纹、

木雕窗花纹样

云纹木雕盘

亚字纹、拐子纹以及福字、寿字等，常常出现于屏风、隔扇、栏杆、窗花等处。这些纹样充分体现了传统的文化风格，在世界文化中独树一帜。

中国木雕文化带着浓厚的地域性特征，在纹样方面，不同的地区有着不同的喜好。古代安徽、山西等地商贾云集，木雕多选取具有富贵、高洁等寓意的纹样；而古代江浙地区文人雅士非常集中，多选取具有审美趣味和文化趣味的抽象纹样符号。当然，文化并不会完全受到地域限制，不同地区的文化会相互交融借鉴，形成了如今的多元化木雕文化。

寓意

中国的传统艺术注重内在修养，而不仅仅是单纯、片面的外观美。在传统的木雕艺术中，造型和纹样都不仅仅基于表面的观赏需要，还具有深刻的寓意。无论是人物、动物或者植物的各式图案纹样，都有着深层的含义。如果要深入了解中国木雕文化，解读其中的文化精髓，理解内容的寓意是很重要的。

寿桃木雕

木雕麒麟

木雕羊

求吉纳祥是中国的一种观念性极强的民间艺术创作形式，不仅是木雕，几乎所有的民间艺术创作都有着“寓吉”的含义。民间艺术创作中，少有以悲剧故事为题材的作品。人们相信这样能够趋吉避凶，即使遇到灾祸也能转危为安。祈福消灾是中国人民生活中不可缺少的精神慰藉。婚丧嫁娶、生子继嗣、延年益寿、金榜题名、升官发财、风调雨顺、五谷丰登等各类题材的木雕，都与吉祥的寓意有关系。

探寻木雕的吉祥寓意，可以从象征、谐音等方面来解读。一些木雕作品更是利用借物抒情、借物隐喻的手法，表达对吉祥的追求。

象征手法是从事物本身的形态、色彩或习性等，联想到某种与其相似或相近的抽象含义，从而将其人格化。如人们从莲花的生长习性中，升华出了“出淤泥而不染”的品格。又如鸳鸯形影相随、雌雄同居，被世人视为对爱情忠贞不渝的

喜鹊登梅

木雕荷盒（和合）

象征。在传统木雕中，富有象征手法的作品比比皆是。如在宫殿建筑上，龙与凤分别象征着皇帝与皇后，狮子象征威严，麒麟象征吉祥。

谐音的表现手法是借不同事物在语音上的相同或相似来相互比附，以表寓意。谐音主要有同音和近音两种。同音如“三羊”谐音“三阳”而构成“三阳开泰”；“枫”谐音“封”，“猴”谐音“侯”而构成“封侯挂印”。近音则如“鹿”与“六”、“鹤”与“合”近音而构成“六合同春”；大狮小狮，“大”与“太”、“小”与“少”近音且同义而构成“太师少师”。

“表号”是把某些非生命的事物形象在特定的文化氛围内加以艺术化处理，从而形成简洁的表示性符号，产生一定的文化内涵，使其具有吉庆祥瑞的含义。如暗八仙原是八仙手中的法器，后被人们用来代替八仙。另外，还有八吉祥、八宝、方胜、盘长、万字等。用文字来表现吉祥内容，一般是用文字组成图案，或者将文字与符号结合成图案，如“百寿图”“福禄寿图”“双喜图”等。

中国传统木雕，无论是建筑中的雕刻，例如门窗、廊坊，还是家具中的雕饰，例如抽屉、衣柜表面，都具有深刻的寓意内涵。各种寓意的雕刻已经深深地融入了人们的日常生活中。在生活中常见的木雕题材有很多，如喜上眉梢。喜鹊是报喜的鸟，梅是报春的花，喜鹊登在梅枝则意味着好事将近。同时，“梅”与“眉”

谐音，表示“喜上眉梢”，体现出人们在喜事来临时的高兴表情。

“福寿三多”，由佛手、桃和石榴组成，即多福、多寿、多子，俗称“三多”，也称“华封三祝”。佛手，形同人手，相传带有佛的力量，能使人吉祥，同时“佛”与“福”谐音，带有多福的寓意。桃，常称“仙桃”“寿桃”，常用来祝人寿诞。石榴，因为多子粒的特征，被作为多子多孙的象征。“福寿三多”在民间木雕中多见，是多福多寿多子孙的祝颂。

“一路连科”，是鹭鸶、莲花及芦草的组合。这是对科举应试考生的祝颂之词，寓意科举考试中连连及第，仕途顺遂。鹭鸶，又叫白鹭，多活动于水田沼泽之中，是古代诗人赞美和自喻之物。李白有诗云：“白鹭下秋水，孤飞如坠霜。心闲

竹雕松鹤延年笔筒

一路连科

且未去，独立沙洲傍。”因鹭鸶飞翔有序，故旧时常寓百官班次。明清时，鹭鸶就是六品文官的“补子”纹样。鹭鸶以食鱼为主，在传统纹样中常有鹭鸶荷塘追逐鱼的题材，表达追求配偶及男女爱情的寓意。科举考试连续考中谓之“连科”。鹭鸶的鹭与“路”谐音，莲花的莲与“连”谐音，所以称“一路连科”，即希望连连及第，仕途得意。

中国传统木雕的吉祥寓意是功利性和审美性的结合。这些寓意不仅反映了人们对自然生命的敬仰和祈求佑护的实用功利心态，而且随着不断的发展形成了善恶、美丑等道德与审美观念。可以看出，古代艺人们是根据世俗情感和传统观念来确定木雕的内容和形式，并且始终贯穿着源于儒家理想的中国艺术特质。这种追求真善美统一的审美观念，是中华民族一种永恒的心理特征。

第四章
木雕的主要产地及特征

乐清黄杨木雕

黄杨木生长周期长，成熟需要四五十年的时间。即便成熟，树木的直径通常也只有 15 厘米左右，因此民间有“千年难长黄杨木”“千年黄杨难做拍（乐器中的拍板）”的说法。最早发现黄杨木可作为木雕原材的据传是一位民间雕刻神像、佛像的艺人，他在偶然间发现了黄杨木质地坚韧光洁，纹理细密，色

寿星（局部，乐清木雕）

佛祖（乐清木雕）

公牛（乐清木雕）

泽如同象牙，木材颜色随着年代而变深，古朴美观，硬度适中，是雕刻小型圆雕的上佳材料。此后，黄杨木雕在乐清开始流行。

黄杨木成材较小，不适合用作建筑木料，但这也使其具有了做小型木雕的艺术生命。现存年代最古老的黄杨木雕是元铁拐李像，收藏于故宫博物院。此像创作于元至正二年（1342 年），雕刻技艺精湛，造型生动，可以看出当时的黄杨木雕刻技法已经相当娴熟。到了明清时期，乐清等地开始流行“龙档”，“龙档”骨架上有作为装饰的戏曲人物樟木圆雕，在此基础上形成了乐清黄杨木雕。随后又经过几代木雕艺人的不断探索和发展，逐渐使得乐清黄杨木雕成为一个成熟的木雕艺术流派。晚清时期，乐清木雕产生了一位大师，名叫朱子常，他改进了黄杨木雕技艺，使其更加具有观赏性。朱子常创作的主要题材是佛像、历史人物等。他的一些优秀作品，如《六子戏弥勒》《布袋和尚》《济颠和尚》等，先后在 1910 年的南京南洋劝业会和 1915 年的美国旧金山国际博览会上斩获奖项，使得乐清木雕声名鹊起，被世人熟知。从清朝末年到如今的 100 多年

大丰收（乐清木雕）

时间里，还涌现出不少优秀的黄杨木雕艺术家，如王凤祚、叶润周、王笃纯、高公博、郑胜宁、王笃芳、虞金顷、虞定良等。这些优秀艺术家有不少是一脉相承的师徒关系，不仅很好地继承了前辈传统的木雕优秀技艺，还创造了拼镶、嵌雕等新工艺。新工艺克服了黄杨木直径小、不易雕刻大件作品的弱点，使得黄杨木雕的创作大大拓宽。他们创作出的许多优秀作品如今都已经被国家或各地博物馆收藏。

■ 优秀艺术家介绍

朱子常

朱子常（1876—1934年），名正伦（一作阿伦），字子常，浙江永嘉（今温州）人。近现代著名黄杨木雕艺术家。因雕刻技艺高超，不同凡响，被人们称为“伦仙”。他出生于今温州市城西街一个清贫的画匠家庭里，5岁丧父，后因家境贫寒，寄养于外祖父家。在外祖父的影响下，朱子常对造型艺术发生了兴趣。

从9岁开始，朱子常师从大舅父陈汝斌学习塑佛像，并向他的姑丈潘雨庭学习泥塑、雕花（浮雕）和漆画以及龙灯木雕和木偶头面雕刻。潘雨庭是当时

剃颠和尚（朱子常制）

罗汉（朱子常制）

浙南地区较有名望的佛像雕塑艺人，小名阿陆，被人们称为“陆仙”，他的艺术才能非常全面，善绘，又善雕花，并爱好昆曲，尤其擅长塑佛，造诣非常深。朱子常在舅父和姑丈的影响下，经过 10 多年的勤学苦练和雕塑实践，吸收了两人的特长，并且在继承传统的基础上创造出了新的雕刻技艺。

19 世纪末，由于义和团运动的爆发，导致出钱修建寺院的人大幅减少，塑佛像的谋生之计也因此受到影响。为生活所困的朱子常苦苦思变，最终将泥塑艺术结合自己的木雕技术、髹漆工艺，以永嘉山区特有的黄杨木为原材料，尝试性地开始雕刻富有艺术价值的黄杨木人物圆雕，一举获得了成功。朱子常本身就具有很强的塑造佛像泥塑的功底，又善于从生活中汲取艺术灵感，成功也就不足为奇了。为了提高自己的造型能力，他时常观看戏文、画谱，研究和观察各类人物的精神动态，并着重研究传统人物的个性特征。在雕刻时，他精益求精，力求准确把握人物的表情与动态，后来便开创了乐清木雕最具特色的清新纯朴的风格。他所雕刻的人物造型优美、线条流畅，有“曹衣吴带”之风，

捉迷藏（朱子常制）

具有极高的欣赏价值和收藏价值。1910 年，他的黄杨木雕作品《济颠和尚》参加了南洋劝业会，获得了优等奖；1915 年，他的作品《捉迷藏》在美国旧金山举行的国际博览会上又被评为二等奖。从此，他的名声渐渐传播开来，开创了乐清木雕的新局面。

三星拱寿（朱子常制）

东阳木雕

东阳木雕因产于浙江东阳而得名，与“青田石雕”“乐清黄杨木雕”“瓯塑”并称“浙江三雕一塑”。早在1000多年前，东阳木雕就已兴起，艺人们世代相传，创造了数量众多的杰出木雕作品，同时也造就了人数上千的优秀木雕艺人，从而成为著名的“雕花之乡”。

浙江东阳盛产樟木等适合雕刻的木材，这为东阳木雕的兴盛提供了土壤。明代盛行雕刻木板印书后，东阳逐渐发展成为明代木雕工艺品的著名产地，主要制作罗汉、佛像及宫殿、寺庙、园林、住宅等建筑装饰。清代乾隆时期，东阳木雕已全国闻名，据记载，当时约有400多名能工巧匠负责为皇室修缮宫殿，有的艺人还被选进皇宫雕制宫灯及龙床、龙椅、案几等。东阳木雕被广泛应用于建筑和家具装饰，形成一套完整的雕刻技艺和风格。现在在东阳依然保留着许多完好的明清年代的木结构建筑和家具装饰。

东阳木雕除在建筑装饰上独树一帜外，在家具、实用品等木器具的装饰方面也极为出色。东阳木雕的创作与发展和当地人文、地理环境有密切的联系。

松下文士（东阳木雕）

福（东阳木雕）

四大菩萨（东阳木雕）

虎啸山林（东阳木雕）

东阳木雕的特点是能根据建筑和器物的不同情况进行不同的构思、设计，构图采用传统的散点透视，布局丰满，讲究层次感，雕刻技法以浮雕为主，兼用镂空雕、圆雕、半圆雕、透空双面雕、锯空雕、阴雕等，形成自己的特色工艺形式。这些技法根据雕刻对象的实用性、艺术性特征被运用到建筑构件和观赏品的不同部位。东阳木雕的雕刻工具在发展中也得以成熟完备，有平凿、圆凿、三角凿、蝴蝶凿、翘头凿、雕刀等。东阳木雕写实的造型、讲究的布局、精细的雕工特别适合表现戏曲故事和人物题材，因而戏曲故事，历史传说、现实生活中情节性较强的人物题材成为东阳木雕的特色内容。在雕刻过程中，东阳木雕艺人讲究构图的完整，在人物、情节、场景方面也力求精致，做到了以人物为主，兼顾情节、环境间的相互呼应。因此，人物的衣着、体态、神情被刻画得生动传神，再加上亭台楼榭与山水林木的衬托，显得人景相融，呈现出和谐完美的画面。此外，吉祥图案、山水风景、花鸟鱼虫、祥禽瑞兽等也是东阳木雕广泛表现的题材。

东阳木雕在细节部分的雕刻可谓鬼斧神工，人物的须发、建筑的片瓦、花草的筋脉、鸟兽的鳞甲清晰可见，令人叹为观止。东阳木雕不重油彩，崇尚保

八仙人物窗格（东阳木雕）

紫檀观音（东阳木雕）

绣女图牌匾（东阳木雕）

持木材本来的颜色，很少大量着色抹金，这也成为东阳木雕的一大特色。当代东阳木雕艺术家在继承优秀传统的基础上，在题材和技法上都有所创新，并将创作的主要方向转到观赏型木雕上，涌现出一批优秀作品。

龙凤呈祥（东阳木雕）

吉象迎宾（东阳木雕）　　东阳木雕

1914年杭州开设工艺厂，生产仿旧家具出口，它是全国最早的专一生产东阳木雕的厂家，当时拥有木雕艺人200余人。之后，东阳木雕产业还逐渐向上海、香港、新加坡等地发展。

近代东阳木雕著名艺人杜云松、黄紫金、楼水明分别被人称为“雕花皇帝”“雕花宰相”“雕花状元”，人称“三杰”，是东阳木雕老一代艺人中的佼佼者。现代东阳木雕成就较高、影响较大的有中国工艺美术大师陆光正、冯文土、吴初伟等。

优秀艺术家介绍

杜云松

杜云松（1887—1960年），浙江东阳人，东阳木雕的代表人物。他能画善雕，技艺全面，浮雕和深雕等各种雕刻技艺都极为精湛。他的木雕取材广泛，山水、人物、花卉、鸟兽等，都能够作为动刀的素材。全面的木雕技艺使杜云松得到了"雕

杜云松作品

杜云松作品（局部）

花皇帝”的美誉。

解放后，他在组织东阳木雕艺人继承和发扬东阳传统木雕技艺方面，作出了极大的努力，还曾去国外教授木雕技艺。其子杜复贤，子承父业，颇有造诣和成绩，有“雕花太子”的美誉。

清末民国是东阳木雕杰出人物集中的年代，除了“雕花皇帝”杜云松、“宰相”黄紫金、“状元”楼水明，还有被称为“榜眼”的刘明火。

杜云松作品

潮州木雕

广东东部的潮安、揭阳、潮阳、普宁、饶平和澄海等几个县区市在古代都属于潮州府，而这一带盛行的木雕艺术流派被称为“潮州木雕”。潮州木雕是一项杰出的民间木雕艺术，其特色主要体现于木雕建筑装饰、神器装饰、家具装饰、案头装饰等。潮州木雕的成品往往是将原材精雕细琢后贴上纯金箔，显得金光灿灿，因此又被称为“潮州金漆木雕”。潮州诸县地处潮汕平原，气候温润、物产丰富、经济发达，加之聚族而居和独特的潮州文化，为潮州木雕的发展奠定了基础。潮州木雕分布广泛，较为集中的地区为潮安、潮阳、揭阳、饶平、普宁和澄海等地。早期的潮州木雕主要用在寺庙、宝塔等宗教建筑上，风格较为粗犷。明清时期，木雕工艺扩展到庭院、豪宅、祠堂、普通民宅等的建筑装饰上。清代乾隆年间《潮州府志》中的“建筑屋宇，雕梁画栋”表明此时木雕已广泛用于各种建筑装饰。

童子戏春（潮州木雕）

富贵如意（潮州木雕）

从现存的木雕遗物来看，至少在唐宋时期潮州木雕就已经存在。唐代刘恂在其《岭表录异》一书中有对潮州木雕的记载："枹木，产江溪中，叶细如桧，身坚类桐，惟根软不胜刀锯。今潮、循多用其根，刳而为履。当未干时，刻削易如割瓜；既干之后，柔韧不可理也。或油画或漆，其轻如通草……今广州宾从诸郡牧守，初到任，皆有油画枹木履也。"《永乐大典》中《刻漏记》也记载，北宋至和年间潮州郡守郑绅"乃择牙校就汀受法，指工绳木，丱金涂漆。历四旬，凡总六十事件，而漏刻成"。

明清时期是潮州木雕大力发展的时期，到了清末民国则达到了顶峰。这一时期留下了很多杰作，如明代髹漆贴金千佛塔，现存潮州开元寺中的三张明代金漆木雕大龛案，揭阳郭氏大楼和陈氏家庙木雕，汕头潮阳东里寨木雕等。这一时期，潮州木雕在建筑装饰方面发展最快，同时各类家具、屏风、金漆画等，也有了很大的发展。

贺寿图（潮州木雕）

潮州木雕的雕刻技法非常丰富，具体分类则有沉（凹）雕、浮雕、圆雕、通雕（多层）和锯通雕（单层）五种。其中以通雕最为卓越，它是潮州木雕的一大特色。经过历代艺人们的努力，现在已经将过去的三层通雕提高到五层通雕，故有“多层镂通，剔透玲珑”之说。通雕技艺的发展在木雕艺术发展史上具有划时代的意义。

按照雕刻作品的表面贴金处理，则可以将潮州木雕分为三类：一是最常见的“黑漆装金”，即在雕刻作品上以黑色的漆料作底，铺上金箔；二是“五彩装金”，

踏春图（潮州木雕）

四世同堂（潮州木雕）

松鹤延年（潮州木雕）

繁花似锦（潮州木雕）

福禄双全（潮州木雕）

多用于建筑装饰，以青、大绿或紫红、粉黄装彩，再用金色烘托，形成金碧辉煌的效果；三是本色素雕，即保持木材本色，不加油漆，使刀法、木纹均清晰可见，这种处理风格多用于屏风、香炉罩等精工细雕的作品。

潮州木雕的题材非常广泛，包括民间传说、历史故事、戏剧小说及祥禽瑞兽、花鸟鱼虫等吉祥寓意题材。潮州木雕的原材料多为当地出产的普通木材，制作建筑、雕花板等大件作品则一般选用杉木。而制作家具等器物多选用樟木，原因是樟木质地不坚硬而富有韧性，便于运刀，能使雕刻出来的作品富有层次；

鸳鸯戏水（潮州木雕）

纳财麒麟（潮州木雕）

喜鹊登梅（潮州木雕）

之后再上漆贴金，既光彩夺目，还能抗潮湿、防虫蛀。潮州木雕技法娴熟细腻，所雕刻的人物、动物结构饱满匀称，纹饰繁密巧妙。潮州木雕最具特色的是髹漆贴金，其工序较为复杂，雕刻完成后要经过制漆、滤漆、填料、上漆、干固、贴金，每一步都有严格要求。根据木雕不同的用处，可作多种髹漆并饰以金箔，如黑漆装金、五彩装金、全面贴金等，使木雕具有金碧辉煌的艺术效果。

优秀艺术家介绍

黄开贤

黄开贤是清代人，揭阳榕城人，生卒年不详。他从小就非常热爱木雕，后来成为潮州木雕著名艺术家，人称“木雕状元”。

黄开贤博学多能，擅长创新，是潮州安济圣王庙“半畔蟹篓”的创作者。这件木雕艺术品的产生非常偶然：有一天，黄开贤路过市场，见渔人挑着蟹篓赶夜市，篓里的螃蟹爬来爬去，别有一番趣味。他灵机一动，当即买回螃蟹，仔细观察，冥思苦想怎样才能让螃蟹活现于木雕艺术中。后来，他终于创造了一种叫“毛尾”的雕刀，解决了多层镂通的技艺难题。这在潮州木雕艺术史上是一次突破，成就了当今闻名海内外的“虾蟹篓”样式木雕，为潮州木雕的开拓创新立下了功劳。

虾蟹篓

福建龙眼木雕

福州木雕是我国木雕四大流派之一，与乐清黄杨木雕、东阳木雕、潮州木雕齐名。如今这一木雕流派已经扩展到福建莆田、泉州等地，因此被称为“福建木雕”。福建木雕常以龙眼木为雕刻材料，故又被称为“福建龙眼木雕”。

福建龙眼木雕的艺术风格在唐宋时期开始形成，这一时期盛行佛像的雕刻。明清时期，福建龙眼木雕从最初的佛像雕刻逐步发展到建筑装饰、家具装饰和寺庙神像等各方面并驾齐驱。明末清初，形成为成熟的木雕艺术流派。

龙眼木主要产于闽南一带，其质地稍脆，纹理细密，颜色赭红。生长年代久远的龙眼木树干和根部都有着千奇百怪的形状，是雕刻的上佳材料。木雕艺人充分利用材料的这些特点进行构思设计，最终雕刻成各类题材的木雕作品。

林中仙人（福建木雕）

武圣关羽（福建木雕）

福建木雕取材广泛，有各种人物、动物和花卉造型，造型生动，构图优美，布局合理，写实与夸张相结合，具有很好的艺术效果。从雕刻技艺上划分，福建龙眼木雕主要以圆雕为主，兼用浮雕、镂空雕。雕刻技法随题材而各异，所达到的艺术效果或粗犷有力，或圆润细腻，或精雕细刻。

福建龙眼木雕自明清时期逐渐形成了三个流派：象园派（又称柯派）、大坂派（又称陈派）和雁塔派（又称漆器派）。

象园派人物动态逼真，讲求面部的神韵，衣纹柔软，有风吹水面波纹之感。其中，人物面具独具特色，以动物为题材的作品也非常丰富、传神。到了现代，象园派的继承者们大胆吸收现代雕塑艺术的精华，讲求人体结构比例，构思巧妙，手法精彩，衣纹简练，使这一流派的艺术创造力更上一层楼。

菩萨像（福建木雕）

罗汉像（福建木雕）

大坂派以人物雕刻为主，善于刻画人物内心世界，作品神形兼备。人物雕刻作品各具特色：仕女脸部古典，圆润高雅，温柔多姿；仙佛表情丰富，衣纹飘动有力；武将富有气魄，盔甲花饰变化无穷。

雁塔派则以与漆器结合的装饰雕刻为主，擅长透雕、薄雕及镶嵌工艺，讲求布局和透视，立体感强，刀法灵利，雕镂玲珑剔透。人物雕刻刀路浅薄，衣纹平顺，面部圆润，表情丰富。

寿星（福建木雕）

福寿延年（福建木雕）

优秀艺术家介绍

柯世仁

柯世仁，清末福建杰出的木雕艺术家。福州象园村人，是象园派的创始人，因此象园派又被称为“柯派”。柯世仁善于根据黄杨木、红木、竹子等不同材料的性能进行艺术创作，擅长于劈、削、雕、剔等各种雕刻技法。民国时期，柯世仁集前辈艺人传统技法之大成，在艺术功力上已经达到随心所欲的地步，创作出的作品风格各异。他最善雕刻古代人物等圆雕，著名作品有《射猎图》《普贤像》《达摩》《观音》和《铁拐李》等。

柯世仁作品

陈天赐

陈天赐是清末福州著名的木雕艺术家。福州大坂乡人，幼年从艺于柯传钟。陈天赐擅长雕刻仙佛等宗教题材的作品，兼善花鸟等。其雕刻刀法的特点是取大块劈削，因而作品显得粗犷有力，风格淳朴，重神而不重形。陈天赐长期研究龙眼木雕，创造了一种独特的装嵌艺术——将龙眼木雕人物装上骨制牙、眼，并染成褐色，使人物造型更为生动。这种独特的艺术形式盛行一时。陈天赐是大坂派的奠基者，因此大坂派又被称为“陈派”。

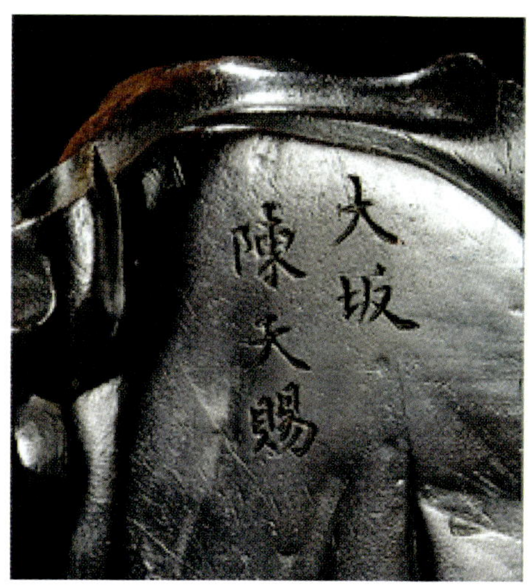

龙眼木雕罗汉坐像（陈天赐制）

根雕篇

根雕艺术源于木雕艺术，但如今已经发展成为一个有自己特点的艺术类别。它是“三分人工，七分天然”的奇妙艺术，是糅合大自然鬼斧神工与人类奇思妙手的艺术珍品。欣赏根雕艺术，能体会到生命的神奇。

第五章

根雕艺术的起源与发展

根雕艺术的起源

根雕艺术在我国有着悠久的历史，早在原始社会劳动人民就利用树根、竹根制作劳动工具和生活用具以及装饰品。因为流传下来的作品较少，只能根据出土文物及一些文献资料等来考证，如汉代画像石和壁画中，就有用树根制作的几、架等根艺品的图像。1982 年，考古工作者从湖北马山一号楚墓中发掘出一件战国时期的根雕辟邪，这件根雕造型生动，富有动势和神韵。说明早在两千多年前，我国的根雕艺术就有相当高的水平。

明根雕刘海戏金蟾

根雕艺术的发展

有资料记载，根雕艺术始于战国，形成于汉晋，发展于唐宋，盛于明清。

唐宋时期的根雕艺术处于一个缓慢的发展期，到了明清时期，根雕艺术得到了飞速的发展，并流传下来许多文物，为研究根雕文化提供了很好的材料。

明根雕瑶台

明根雕仙鹤

文化衔接

鹤在古代是一种代表祥瑞的动物，古人认为它高雅独立，飞翔于云层之外，是仙人的坐骑。

清根雕鹿

清根雕八仙过海

文化衔接

鹿在古代是一种瑞兽，而且它与“禄”谐音，因此成为一种象征吉祥的动物。

这件作品将“过海”与“舟”相结合，艺术地融合神话传说故事。外形精美，人物造型复杂，具有很强的艺术性。

从现存明清时期根雕看，当时的根雕已产生比较清晰的类别，有实用型根雕，也有观赏型根雕。这些根雕以天然的趣味，结合艺术加工，构成了一件件富有艺术气息的作品。如图片中的明根雕刘海戏金蟾，就很好地体现出了根雕作品的特点——因为受到原材料本身形态的限制，根雕作品更讲究神似，创作者往往只微微施加刀刻，就能创造出一件杰出的艺术品。这件作品着眼于“戏”字，刘海悠闲端坐，四肢舒展，毫无拘泥之感。这表明明朝时期的根雕艺术已经有了很强的表现张力，善于从人物表情、动作等诸多方面来体现人物性情及其环境。

取根雕原材的天然外形为创作基础，进而发掘出新的艺术内涵，这是根雕艺术的魅力所在。从这些明朝流传下来的根雕艺术品可以看出，当时的艺人对根雕艺术的精髓已有所把握，这为后来形成艺术系统和艺术理论奠定了基础。

清朝是一个人口急剧增长的时期，社会生产力在这一时期也取得了极大的发展，促进了民间艺术的繁荣。现存的古代根雕艺术品很多都是清朝的手工艺人创作的，其雕刻技艺之精美，题材、内容之丰富多样，令人惊叹。

民国仕女根雕

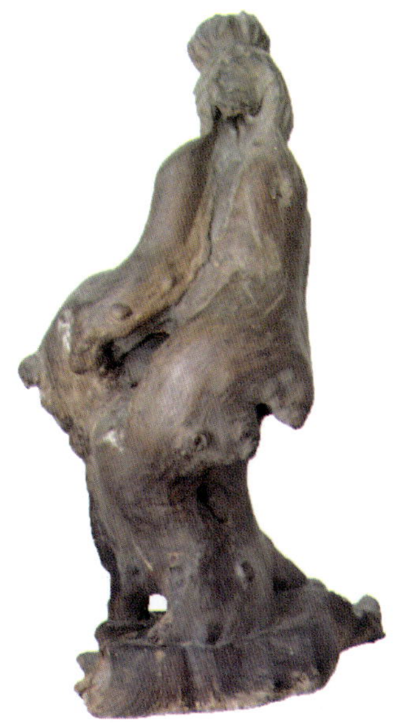

民国仕女根雕（背面）

民国仕女根雕（局部）

从图片中的清根雕鹿和清根雕八仙过海可以看出，清代的根雕工艺已经非常成熟，在细节处也尽可能做到精益求精。尤其是清根雕八仙过海，人物（八仙）动作，人物手中持有的宝物，船等等，如此复杂的元素全部被融合在一件根雕中，可见当时根雕技艺的精湛程度。

民国是传统文化经受剧烈冲击的时期。社会的动乱，西方思想的涌入，使传统文化发生了很多变化。这一时期封建伦理道德的说教式作品减少，对艺术的理解与探索开始进入一个新的阶段。

新中国成立后，根雕艺术发展进入一个全新的时期。尤其是20世纪70年代后，根雕在理论上走向成熟，其艺术理论逐渐丰富，极大地推动了根雕的发展。同时，根雕作品的表现形式和内涵更加丰富、深刻，脱离了传统的宗教道德性质，真正地走上了艺术发展的道路。创作者和观赏者的人数日益增加，逐渐形成了“根雕热”。

例如图片中的《回首》，便是抽象艺术理论注入传统根雕的证明。西方艺术中的印象派、抽象派都对根雕艺术产生了影响。传统根雕受儒家道德和道家、佛家的宗教影响，常常在作品中注入道德说教或祈福的寓意，这就使作品具有

回首

山鹰回首

招财佛

戴帽的老人

达摩

形似的特点。而当代根雕艺术渐渐脱离了形似，而衍生出新的意蕴式作品。这类根雕作品以形为美，但不拘泥于具体的形体，而是融入形之外的意蕴，具有深刻的艺术内涵。

根雕艺术现已成为一个专门的艺术类别，走上了正规化、学术化的发展道路。根雕艺术被简称为“根艺”，其艺术特征、艺术形式，都被艺术家们具体化。这为根艺未来发展提供了有力的支撑。随着人们的生活水平的提高，艺术欣赏的需要必将会逐渐增加，根雕艺术还将得到极大的发展，成为艺术领域中的重头戏。

第六章 根雕作品分类

表现形式分类

自然型

根雕艺术与木雕艺术有着很大的不同，木雕艺术的创作者可以完全按照自己的思路去创作，而根雕艺术的创作者则必须考虑到根雕材料原本的形态美。可以这样说，木雕创作者只需要考虑原材料的大小，而根雕创作者必须考虑到原材料的形态。很多时候，作为原材料的根本身就有着独特的造型，具有唯美的形态，创作者只需稍稍加工。如果雕刻过多，破坏了原材料的天然意蕴，就成了一次失败的创作。而自然型根雕更是“三分人工，七分天成”的自然形象的艺术品。

根瘤笔筒

险山

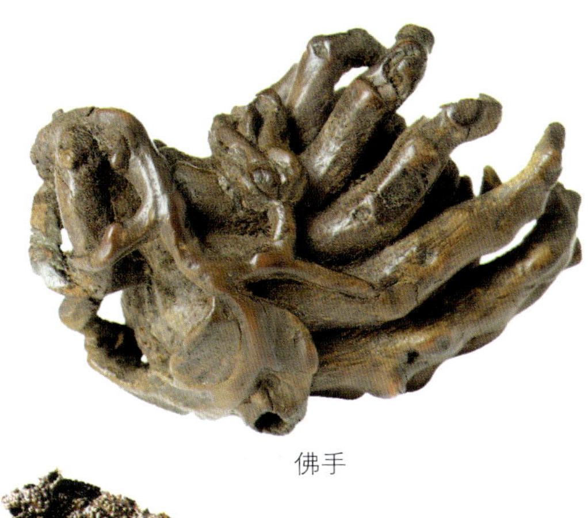
佛手

山豹

文化衔接

这件作品是很典型的自然型根雕，其形似山，山崖陡峭，怪石嶙峋。虽然“山”小，却让人有“险”的感觉。

这件作品也是借用其形，伸出的根交错，犹如一双干枯的手。它清瘦，正好像忧虑众生的活佛，因常年守斋和忧虑而双手干枯。由这双手，人们能够想象一个满怀悲悯的人。

这件作品的外形简直像极了一只正要扑出的豹，让人误认为这是经过雕刻而创造出来的作品。但仔细观察，却难以找到半点雕刻的痕迹，这让人不得不感叹大自然的鬼斧神工和采制者的慧眼识宝。

■ 形象型

形象型根雕是创作者根据原材料部分或整体的类似人或者物的造型，进行加工创作使之更形似的根雕作品。

形象型根雕的特点在于原材料有“形”，雕刻者只需要稍作处理，就能达到巧夺天工之妙。常见的形象型根雕作品都是类物，尤以动物居多。这类根雕作品“形似”与“形不似”都存在，是两者的结合体。其中人工雕刻的部分，也能窥见原材的自然面貌，是雕刻与自然的结合。

根雕

根雕

文化衔接

这件根雕作品很好辨认，那仰头吠叫的样子让人一看就知是一条犬的外形。形象型根雕作品的特点就在于“似与不似”之间，只需要局部“形似”，其他部位则更显意趣。

这件作品外形难以具体说像什么，乍看像正在爬行的乌龟，但细看之下似乎又能看出一副人的脸部，整个外形更像是一个匍匐前行的人。这也是形象型根雕的特点，似或不似都在观赏者的眼中判定，而神秘的美感却在判定之时呈现出来。

根雕

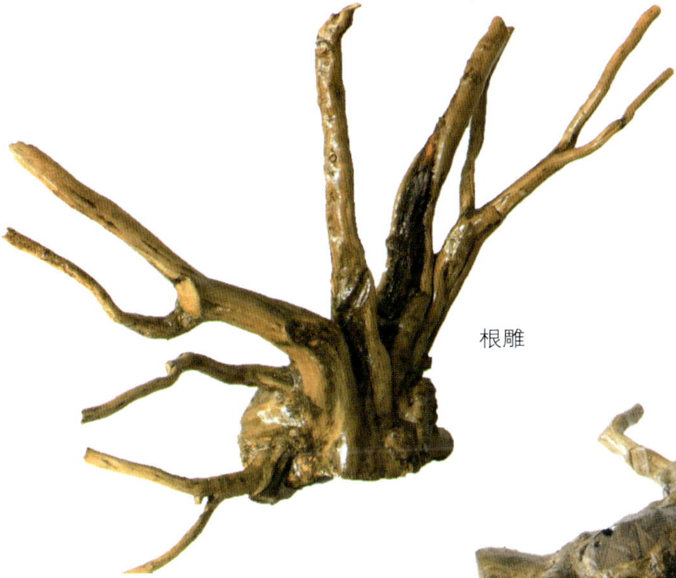

根雕

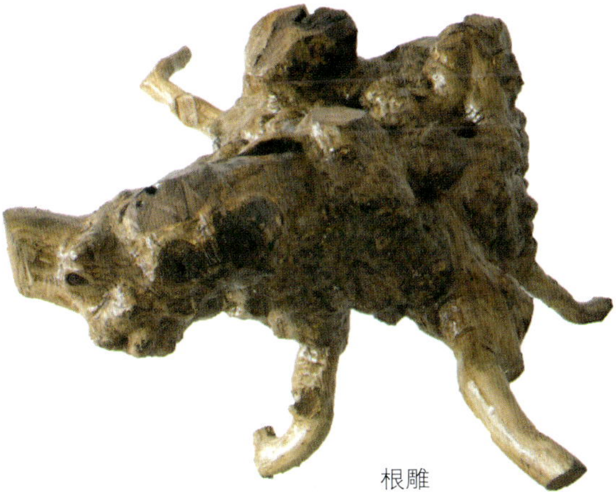

根雕

文化衔接

这是一只伸长脖颈、仰天长鸣的鹅，两旁张开的枯枝好像是它的翅膀，虽然翅上无羽，但是能看到明显的筋骨，这也就是形似之处了。

这件作品有四肢、头，似乎可以看成一只转头张望的狗。但是其背上微微隆起，形成一个树瘤，更像是一只羊驼。

凤凰（高 140 厘米）

凤凰（局部）

意象型

意象型根雕更讲究“神似”。其形更偏于不似，但却暗含一种神似，因此更能让人发挥想象的空间。在欣赏这类根雕作品，体会其中的“神似”时，不必在外形上有诸多诘难，而是要细细品味其中的意蕴。作者的命名能够提供一种参考，更重要的是观赏者在心中形成特有的艺术审美。

创作意象型根雕时，一般都是从根材的质地、纹理或色泽上找出某种曲直、聚散或节奏韵律的美感，经过简单的加工，产生具有神韵的艺术品，达到“虽无真像但有真魂”的艺术效果。

欣赏这类根雕艺术品时，应当多从意蕴的角度出发，而不是局限于外形。要“多用心看，少用眼看”。例如图片中的《逆风》，其妙处就在于将同一方

向舒展的根枝作为大风中被吹拂的羽毛，而侧着的“头”恰当地表现出了因强风而微微扭转的神态，因此取名为《逆风》。虽然逆着风，但坚定的脚步显得一往无前，显示出了在逆境中不放弃的精神。虽然外形上鸟的有些部位没有细致地刻画出来，但是确实具有“逆风而上”的神韵。

决斗

拥抱

纤纤身姿

逆风

形象型根雕与意象型根雕的界限并不是非常清晰，如何区分，按照创作者，也根据观赏者的喜好而定。过多地拘泥于分门别类，反而使人偏执于作品的外形与意蕴的分别中，难以从两个方面分别体会艺术美感。

雕刻型

雕刻型根雕是指在原材料的基础上较多地利用雕刻工艺改变其原本的外形，使得内容或题材一目了然，让观赏者能够很快地知道创作者要表达的内容。古代流传下来的根雕作品大多属于雕刻型根雕，其中主要刻画人物故事以形成道德说教，或雕刻花卉以陶冶情操。这与根雕的发展状况有关，古代根雕从艺者大多是民间艺人，他们缺乏艺术理论的熏陶，因而着重于利用雕刻技法达到的效果。当然，如今对于一些难以在天然形态上找到艺术灵感的原材，利用雕刻将其变成有具体外形的工艺品也是不错的选择，也是对传统文化的继承。

珊瑚

雕刻型根雕或完全改变原材的外形，或使原材料的外形不露痕迹地表现出来，与雕刻内容丝毫不冲突。这类根雕十分考验创作者的雕刻技艺，是“雕工夺天工”的艺术表现形式。

雕刻型根雕与自然型根雕的不同之处在于前者注重工艺性，后者注重艺术性。观赏不同风格的根雕作品，应当从不同的角度去欣赏。

题材分类

人物

根雕作品的人物包括佛教、道教人物等，常见的有弥勒、达摩、观音、财神、济公、钟馗、罗汉、福禄寿、太上老君、八仙等。根雕艺术的人物取材与木雕类似，但是表现形式有很大的区别。这是由于原材料不同而形成的。

流传下来的古代根雕中，以人物为造型的作品很多。这些作品着重于雕刻人物的整体形态、动作等，力求在外形上尽善尽美。在收藏古代根雕艺术品时，这也是一个鉴定要点，即古代根雕在外形上基本上都不会保留原材的天然模样。

老子

弥勒佛

弥勒佛（局部）

当代的人物造型根雕作品，有很多属于局部造型——只有半身甚至只有脸部造型，其他部分则是树根的原造型。这类根雕是人工与自然的结合，雕刻处呈现雕工美，自然处呈现原始美。这种对树根材料的局部雕刻是在自然基础上的补充和提高，使具有一定自然美感的根材通过艺术的加工变得更加完美，得到升华。这是当代根雕艺术在传统之上的发展，使根雕艺术更受喜爱。如图片中的弥勒佛根雕，将弥勒佛最主要的特点——喜笑颜开的神态体现得淋漓尽致，而腿部则可有可无，因此不需要多此一举地施加刀工。如此一来作品更有韵味，似乎佛从天然的树根中而生，既有雕工美感，又有自然美感。

根雕作品中的人物寓意与木雕相似，不同之处在于根雕受原材的限制更多，因此雕刻比木雕更困难。从这个角度来说，根雕作品成形更难。当代大部分根雕作品中保留了许多根材的天然部分，使其更具天然野趣。但在色彩和细节雕刻上，根雕的表现力弱于木雕。

笑面佛历来受到人们的喜爱，因为其不仅有佛的地位，能够满足人的祈愿，更具有人一样的情感，带几分喜感。图片中的笑面佛根雕采用坐姿，利用树根原材的敦厚，反映出了笑面佛的胖体态，十分讨喜。后图中的笑面佛根雕，虽然题材与前件一致，但表现出来的感觉却完全不同。这件作品更像是笑面佛的站姿，其表情遵照传统，带着无拘束的笑容。但下半身显得清瘦一些，胸前隆起的一处天然树根像是捧着“吉祥如意”，带有“送喜上门”的寓意。

笑面佛

笑面佛

由于根雕艺术需要与原材的自然美结合，好的雕刻艺术家常常是先有了创作思路，然后再施以刀工。如果贸然动刀，或者在雕刻之后又改变原本的立意，则很容易破坏根雕原材的美感。有些根材是极为珍贵的，稍稍不留意就会造成不可估量的损失。

根雕艺术不仅需要艺术修养，而且需要杰出的文化修养。艺术修养可以说是对雕工的概括，文化修养则表现在作者对立意的把握上。这一点在人物雕刻上体现得尤为突出。如果创作者对即将雕刻的人物了解不全面，就无法把握人物的特征，自然也就无法创作出好的作品。

寿仙翁

孔子

长眉罗汉

动物

根雕作品以动物造型居多，动物造型的根雕与人物造型有很大的区别。人物造型注重表情、动作的表现，有时还涉及具体人物的性格、体态等特征，由于自然形成的根材中与人物相像的很少见，因此人物造型根雕大多属于雕刻型。但是动物造型的根雕则不同，自然的树根往往只需要稍加处理就能具备一些动物的基本造型。因此动物造型的根雕多属自然型根雕，这些具有一定动物造型的根材在创作者手中摇身一变，立刻成为精美的艺术品。

卷毛狗

卷毛狗（侧面）

卷毛狗（侧面）

动物造型的根雕不要求具体的形似，这与人物造型的木雕有明显的不同。在细节上，动物根雕往往更多保留原材的自然形状，而只取某些特征来表现该动物。如图片中的卷毛狗根雕表现得最显著的特征是“狗鼻”，天然的凹陷构成眼睛，浑身凹凸不平正像是卷曲的毛发，犹如翻滚的云层。毛发更使“狗”显得身躯庞大，更添威势。图片中的野猪根雕的特征更加一目了然，长长的鼻子、长长的獠牙，显得凶恶无比。野猪是一种很凶猛的野兽，四肢有力，在对敌时会像犀牛一样横冲直撞。野猪的獠牙没有这件根雕中那么突出，但具有很强的杀伤力，这是艺术家夸张的创造，起到了很好的效果。

飞鸾翔凤

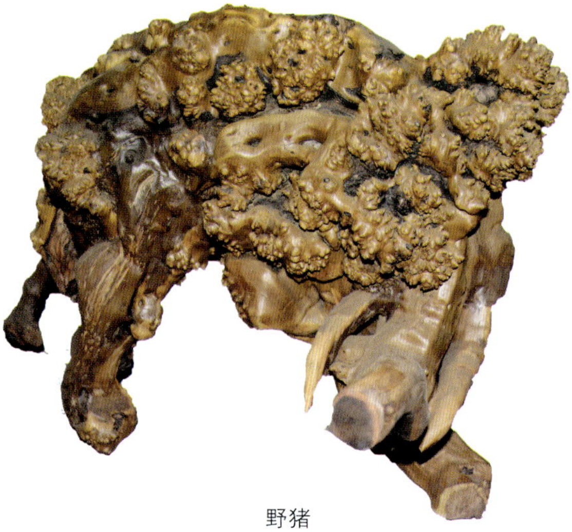

野猪

蚂蚱百财

羚羊挂角

猎豹

也有一些难得的根材能够进行全身雕刻，在细节处也表现出动物的特点。如图片中的猎豹根雕，就很好地使猎豹的每一个细节都完美地体现出来。无论是头部、身躯还是尾巴，每一个细节都非常符合猎豹的特点。张开的豹嘴、露出的獠牙更显得威猛无比，仿佛是在以吼声吓退来犯之敌。健壮的四肢看起来极具爆发力，随时可以出击。

有的动物根雕巧妙地利用根材的原始造型，将动物与山水、树枝等结合，更显得趣味十足。图片中的提篮兔根雕就很有创意地将兔与提篮结合在一起，一只乖乖地趴在提篮里的小兔，像是忍不住好奇，偷偷露出头来张望。

提篮兔

使用方式分类

器具类根雕分为实用型和观赏型。实用型根雕主要是家具，如桌椅、茶海等，这类根雕不仅有观赏性质，还有实用性质，总体说来更侧重于实用性。观赏型器具根雕则相反，具体的用途不多，更注重于观赏性，用于装饰，如根书和一些装饰挂件等。

实用型根雕

实用型根雕受到材料本身的限制，不像木雕家具那样品种繁多，但由于多了一份天然趣味，实用型根雕使人在使用的过程中能够更加深刻地感受自然。而且根雕作品往往独一无二，因为自然造型本就是独一无二的。每一件根雕作品都有不同的趣味，即使是同一套桌椅，也有着不同的外形特点。

桌椅

对制作桌椅的根材一般有特殊的需要，需要较大的体形，也需要提供平衡的支点。根雕桌椅将实用与观赏相结合，使人在使用的过程中也能得到一种美

根雕随形桌

根雕四方凳

的享受。天然形成的根材中极少有完全适合制作桌椅的，由于现代拼接工艺的进步，各种黏合剂的广泛运用，许多桌椅用拼接工艺制成，大大增加了根雕桌椅的数量。

茶海

茶海的称呼源于江浙一带，它是利用树根，经过工艺加工，用于烹茶、品茶的工艺类家具，是一种将茶的冲饮流程与古老的根艺家具相结合，既能方便烹茶、品茶，又具有根艺或根雕审美意识的独特茶具。这种器具从 20 世纪

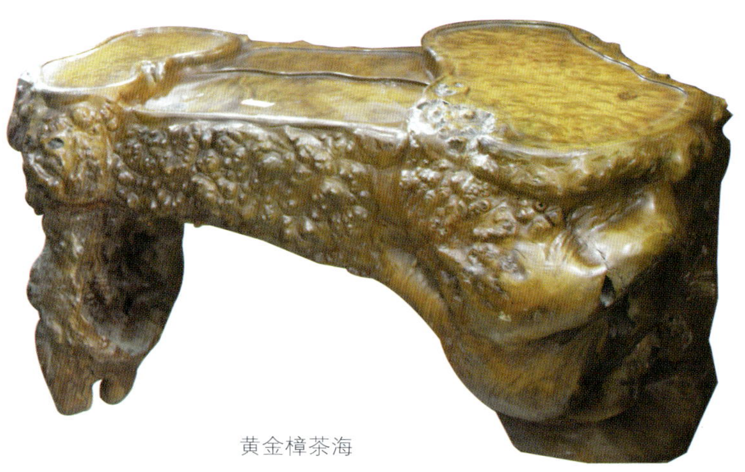

黄金樟茶海

紫柚木茶海

八九十年代兴起，是随着生活水平的提高和生产工艺的不断创新产生的新创造。中国是茶的故乡，喝茶、品茶的传统自古相沿。上世纪 80 年代，江浙一带的饮茶文化逐渐兴起，人们对于茶具的要求进一步提高，于是茶海应运而生。

品茶时讲究“洗茶”等程序，即将第一次泡茶的水倒掉，谓之“洗茶”。茶海是为了适应品茶而制作的工具，自然应该具备相应的功能。因此，茶海必须具有排水系统。另外，茶海与小型的“茶托”不同，它有较大的桌面平台以安放茶杯。因此茶海也有类似于茶几的功能，供人品茶论茶。

金丝楠茶海

茶几

茶几是在清代以后广泛兴起的一种家具，并在这一时期演变成一种独立的具有待客、饮茶功能的家具。茶几一般比较矮小，与座椅等高，以方便于斟茶。根雕茶几与茶海类似，都有审美的意趣。

茶几

手杖

手杖，亦名扶杖、拐杖、拐棍，是许多老年人“助走”的外出必带之物。它既可稳身健步，又可增强体力，人们称它是老年人的“第三条腿”，堪称老年人安度晚年的良好“伴侣”，无论是步行，还是闲立庭院都不可少矣。除此之外，手杖还颇多妙用，如医疗手杖、登山手杖等。手杖在结构材质、高度选择方面也有很多学问。

龙头拐杖

龙头拐杖（局部）

笔筒

笔筒

笔筒

笔筒是中国自古相沿的一种文房器具，被用来搁放毛笔。到了现代，虽然大多数人不再使用毛笔，但笔筒依然有很强的实用性。现在的文具种类比以往更加繁多，笔筒能起到很大的作用。一个好的笔筒更能够让书案看起来典雅别致。

烟灰缸

烟灰缸是现代文明衍生的产物，是随着烟草兴起而产生的实用型器具。烟灰、烟蒂都非常影响卫生，烟灰缸因之而生。

根雕烟灰缸

花瓶

插花用来装饰观赏，插花的器具兼具实用性和观赏性。根雕花瓶比其他材质的花瓶更加自然，能够与花朵和谐搭配，相得益彰。

花瓶

花瓶

根书

根书是中国文化中独特的艺术种类，它将根雕艺术与书法艺术相结合，创造出精美的艺术品。根书的原材是优良灌木小根系，经过浸泡、去皮、打磨等多道复杂的工序后，再根据根系不同的形状，用胶水粘贴在木板上而制作成具有独特字形的字。根书既具有根材的天然美，又符合传统根艺的创作特性和书法的用笔要求，使得自然与人工相得益彰，趣味十足。

根书（左"寿比南山"，右“福如东海”，中“寿”）

根书“宁静致远”

能用来制作根书的原材极为稀少，一般要选用生长在沙石中的硬树根，以保证其具有不变形的自然弯曲度。根书不含有任何手工雕琢的成分，因而属于极为难得的自然艺术品。它具有古色古香的气韵，是很好的装饰品。同时，根书具有独特性，其取材于自然，又不含手工雕琢，因而不会产生完全一样的根书作品，这无疑使根书的收藏价值更高。

在制作根书的过程中，也会受到一些限制。如一般在同一个字中不选用不同树木的根系，以免色彩上存在差异，失去自然的风味。根书一般不能制作正楷书法，而只能制作行草书法，这与根材的特性有关。

根书“马到成功”

第七章

鉴赏家课程——根雕艺术

外观美感和工艺

先秦时期，《考工记》一书中就已经提到了“材美工巧”的工艺创作原则，这一原则表明了创作设计的基本观念和工艺美学的主导思想。而中国的根雕艺术，则是这一原则最突出的体现。

动舞

■ 材美

“材美”，即讲究原材的艺术美。这种美，美在天然形成，美在不经雕琢，如同璞玉。这种艺术美感在根材上体现得最为突出。其他艺术则难以体现出原材的美，如绘画、建筑等，即使是与根雕最贴近的木雕，原材的美感也仅限于木材的纹理上。根材则具有树根的舒展美、凌乱美和生长美。材质选择是根雕“天趣野味”的重要条件，而根材是这种工艺语言的媒介物。并且根材本身的功用属性与价值取向，将根雕作品的趣味性表现得最直接最彻底。

那么，“根材之美”究竟有哪些呢？首先，根材的原始美并不是固定的某一种模式，它不像石头、木材，能变化的姿态过于单一。根材的姿态没有雷同的，原材的多姿多彩就使其具有了艺术的基础。艺术品之所以具有艺术价值，其中一个重要原因就是其独特性。根材在未经处理时，就具有了独特性，呈现出艺术美感。正是因为材质的神奇之美，根雕作品可以以之为承载体，去体现其艺术属性和价值。

根雕

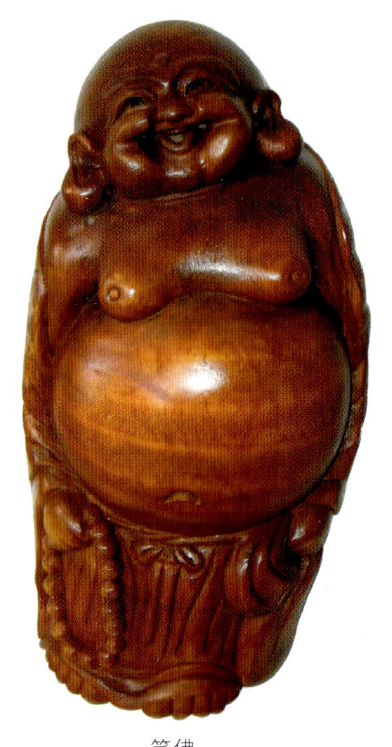

笑佛

通天之路

每一件根材都是独一无二的，创作者是因材施工，而不像其他艺术类别，是先有了艺术创作灵感，然后再选择材料。这样说来，一件上好的根雕艺术品，还讲究根材与创作者的缘分。一件根材只有在杰出的创作者手中，才能既不失原始美，又不失创作美。可以说，根材也是有“灵性”的。

对于这种天然美，根雕艺术把它作为一个重要的观赏要素。如果选材不当，艺术构思和艺术手段也较粗糙，缺乏丰富的人文精神，这样创作出来的作品整体美感会受到影响，无法成为好的工艺品。

根材的材质美具有可视性，具体到不同的材质特性，不仅表现出具体的美感，又表现出一种抽象之感。不同木质的根材有着不同的抽象美，例如黄杨木、杜鹃木根材给人以温润明快的感觉，柏木根、枯榆根给人以精致细腻的感觉，黄檀根和椿木根给人以华贵雅洁的感觉，竹根给人以敦厚朴素的感觉，瘿瘤给人以盘结的感觉，枯木给人以岁月沧桑的感觉。

平步青云

鸾凤和鸣

同时，根材的材质还具有触觉美感。好的根雕作品看上去赏心悦目，触摸起来也会让人感到舒适甚至产生联想。如红木、花梨木、核桃木的根材作品会给人铿锵结实的感觉，黄杨木、杜鹃木根材却让人感到飘逸雅洁，而黄荆、榆木、山枣木，则又给人粗犷、雄浑的感觉。如此多的触感，让人美不胜收。

因此，根雕的材质美是一种综合美感的体现，是综合各种感觉的审美感受。不同的人有着不同的情感体验，不同的人有不同的个性体验，这种千差万别的体验就造成了不同的欣赏角度和审美感受。对于现实中的艺术种类，人们喜好的程度都不一样，如热爱美术的人可能对音乐表现平淡。根雕算得上是一种综合性极强的艺术，无论是喜爱自然还是喜爱雕工，无论是喜爱视觉审美还是喜爱触觉审美，都能在根雕中得到一丝美的体验。

根雕的材质还有着地区性之美，按照地域的不同，有不同的材质圈。中国地大物博，土质、地貌、温度、水分等方面都有很大的差异，因此根材的形态和生长状况也有巨大的差异。比如，山西阳泉青石山上的树根呈扁平根形状，盂县则出产较多的沙梨根，黄土山上则多直根。块根一般在多碎石的土层中形成，例如山西左权等地。甘肃沙漠地带的根材与山西黄河流域的山中土石地带

神韵

的根材有着很大的区别。南方的根材和北方的根材由于土质、气候、雨量等原因存在较大的区别。同一种树木，干旱的高山地带长成的根材和温润潮湿的水渠边长成的根材也有明显区别。由于地区性，根材材质美的形式和内容又丰富了很多。

材质的奇异性是根材艺术美感的重要部分。大自然造就了自然虬曲、千奇百怪的怪根枯材。因为这种形态美，材质本身是否上乘，是否具有纹理的美感反而显得不太重要了。对于根材而言，有时它的纹理反而不是那么重要，人们更多的是注意它的形态美，这也是根雕的一个重要艺术特征。欣赏这种大自然的天趣野味，有时侧重材质，有时侧重造型，材质和形态之美是相互影响与和谐统一的。

工巧

除了自然美感之外，根雕作品还体现了创作的雕刻美，也就是“材美工巧”中的“工巧”。人类将天然的材料变成合适的工具，这代表了人类文化的发展历程。可以说，人类的文化就是一种使用工具的文化。而雕刻艺术就是在使用工具的过程中衍生出的一种工艺。从最初的石器运用，到现在的机械运用，雕刻工艺一直都在慢慢变化。而其中衍生出的，就是在制作合适的工具的同时，使雕工更加富有审美感。这种“寓美于用”的思想一直是每个年代的文化意识。

原始社会，雕刻工具只是一些简单的石斧、石铲等物，雕刻工艺自然粗糙。但相对于其他材料，木头更加易于雕刻。在同种工具的制约下，木雕比其他雕

欢呼雀跃

刻更容易达到精美的程度。明清时期有了钢铁材料的运用，金属锻造技术的完善，使得雕刻工具的硬度和精确程度都有了保证，因此明清时期的雕工变得典雅精细。明清时期的木雕、根雕和木制家具比以往的年代有了明显的提升，是“工巧”突出的体现。到了近现代，雕刻方面产生了机械雕刻、电脑雕刻等现代化雕刻，使得雕刻工艺品能够批量生产。但是很多批量生产的工艺品与艺术品有很大的区别，艺术品之中倾注了创作者的思想和情感，这是前者无法达到的。

观音

观音（局部）

材质

红榉

红榉是中国家具木作业所说的榉木中的一个类别，相对于黄榉、山毛榉等普通榉木而言，红榉最明显的特征是色泽偏红、质地坚硬。红榉木器艳丽华贵，深受世人喜爱。尤其是近年来出现在高端奢侈品市场上的红榉根雕艺术茶几，由于材质生长期长达几百年甚至上千年，加之独特、怪异、优美的造型，漂亮华贵的色泽纹理，正成为投资领域的新宠，被一些精明的商家看好。

红榉木苍鹰

红榉木相依相伴

桉罗木

桉罗木为落叶乔木，生长于台湾南部低海拔地区。叶片及枝条均被毛，有臭味。清明节前后为其花期。放射状的洁白花朵会转为黄色，并散发出特殊的清香。褐色蒴果木质，成熟后开裂，种子有翅可以远飞。木材可制器具、刀鞘等。梭罗木在云南、广西、海南、贵州和四川，以及印度、不丹、缅甸、泰国、老挝、越南等地也有分布。

梭罗木达摩

梭罗木笑佛

梭罗木笑佛（局部）

鸡翅木

鸡翅木，是木材心材的弦切面上有鸡翅（“V”字形）花纹的一类红木。鸡翅木以显著、独特的纹理著称，历来深受文人雅士喜爱。鸡翅木很容易与其他红木种类区分，但实际市场上却是优劣混杂、真伪难辨。

古旧家具市场上鸡翅木有新老之分。王世襄先生将其分为：老鸡翅木“肌理致密，紫褐色深浅相间成纹，尤其是纵切而微斜的剖面，纤细浮动，予人羽毛璀璨闪耀的感觉”，新鸡翅木“木质粗糙，紫黑相间，纹理往往浑浊不清，僵直无旋转之势，而且木丝有时容易翘裂起茬”。

鸡翅木关公

鸡翅木笑佛

荔枝木一帆风顺

黄花梨达摩

荔枝木

荔枝木，常绿乔木，属无患子科。荔枝木是一种硬木，属上乘木材。它的抗酸性很强，材质硬重，坚韧耐用，不怕水的浸泡，是木雕、家具良材。凡百年以上的老荔枝木，其树根盘缠，树结造型比一般红木更具观赏价值。

黄花梨

黄花梨，又称降香黄檀，豆科，黄檀属。俗称黄花黎、花黎母、花狸、降香檀等。

黄花梨是名贵木材，色黄温润，分量较轻，纹理清晰如行云流水。其木性极为稳定，不变形、不开裂、不畏弯曲，适于制作曲度大的家具。黄花梨有大材，树高可达15—20米，胸径可达0.6米以上。黄花梨中常见木节，但木节平整不裂，美丽大方，俗称“鬼脸儿”。黄花梨适于雕刻，其木纹富于表现力，甚至木节纹也可作为雕刻艺术中独特的表现元素。

黄花梨根雕

黄金楠达摩

海南黄花梨为海南岛特产，主要生长于海南岛黎母岭、吊罗山等。黄花梨心材初切面呈紫红色或深红褐色，也有的呈黄色或金黄色。新切面有浓郁的辛辣气味，生长轮明显；心材部分的颜色与产地、砍伐季节、存放方法及时间等因素有关，呈现出浅黄色、黄色、金黄色、清褐色、红褐色、深褐色（近似于咖啡色）等。

黄金楠

黄金楠又称金丝楠，是一种极为珍贵的木材。在我国，金丝楠自古以来都是皇家专用木材。金丝楠的木纹里有金丝状纹理，因此得名。金丝楠的木纹中常常会结成天然山水人物花纹，故为世人所珍。

第八章

根雕主要产地

浙江根雕

根雕之乡——浙江开化

浙江开化是根雕传统产地，被誉为“中国根雕之乡”。开化根雕也被称为继东阳木雕、青田石雕、乐清黄杨木雕之后的“浙江第四雕”。

凤凰（浙江开化）

达摩（浙江开化）

开化根雕是在传统浙江木雕的基础上发展出的一种新型的艺术形式，是新中国成立之后根雕艺术从以往的木雕艺术从属身份中脱离出来的产物，其主要流派是徐氏根雕。在根雕艺术的这一发展时期，徐氏根雕的传人——著名根雕艺术家徐谷青做出了重大贡献。

沉思罗汉（浙江开化）

探手罗汉（浙江开化）

开心罗汉（浙江开化）

福禄寿（开化根博园）

长袖舞（浙江开化）

大小罗汉（浙江开化）

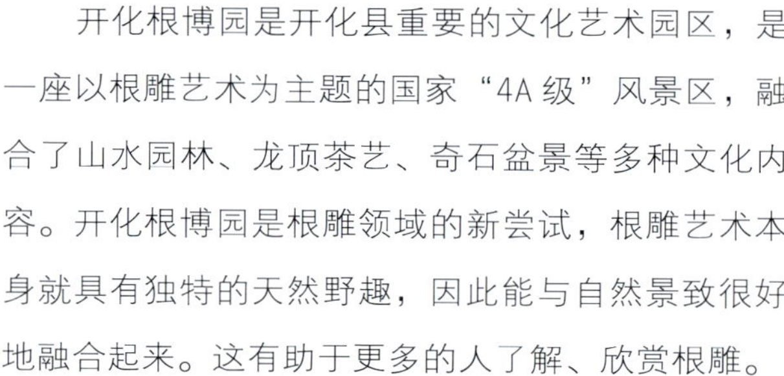

开化根博园是开化县重要的文化艺术园区，是一座以根雕艺术为主题的国家“4A级”风景区，融合了山水园林、龙顶茶艺、奇石盆景等多种文化内容。开化根博园是根雕领域的新尝试，根雕艺术本身就具有独特的天然野趣，因此能与自然景致很好地融合起来。这有助于更多的人了解、欣赏根雕。

嵊州根雕

嵊州位于浙江东部，自古以来就是文人雅士辈出之地。现代嵊州根雕起步于上世纪70年代，到90年代形成规模，成为浙江著名的根雕产地，并被称为“中国根艺之乡”（浙江丽水、江西赣州、内蒙古扎兰屯也享有这个称呼）。现在，嵊州根雕的从业人员已有60多人，掌握相关技术的已达到2000多人，发展势头令人欣慰。

福临门（浙江嵊州）

象山根雕

象山根雕主要以毛竹根为原材料，因此又被称为“象山竹根雕”。它是在继承明清时期竹根雕刻工艺及其风格的基础上，吸收现代西洋艺术理论发展出的现代根雕艺术。象山竹根雕充分地利用毛竹根的天然形状，雕刻成各种人物、动物等。这些人物或动物竹根雕形象生动、形态逼真，具有较高的艺术性。在造型上，象山竹根雕突破传统的用料规定，连根带须，一并应用，充分表现了返璞归真的天然野趣，体现了现代社会返归自然的审美趋势。

醉（浙江象山）

华妆初试（浙江象山）

春色裹不住（浙江象山）

茅屋—秋风（浙江象山）

竹根雕的制作工序与其他根雕相似，但竹根的形态与其他树根有较大差异，如竹节和竹须等，因此在制作时要更加注重竹根的天然姿态。一件良好的竹根艺术品往往是经过了深刻的艺术构思，才塑造出了形象生动、形态传神的艺术形象。

达摩（浙江象山）

坐莲菩提（浙江象山）

福建根雕

福建根雕历史悠久，具有工艺精湛、多姿多彩的特点。按照雕刻风格，福建根雕可分为自然型根雕与雕刻型根雕两种，分别体现了不同的艺术特点。福建作为根雕大省，出现了一大批优秀的根雕艺人。而福建根雕艺术也在这些优秀艺人的推动下，继承传统，开拓创新，发展出了独特的艺术流派。

福建根雕主要题材为人物，尤其注重人物的脸部造型，通过生动的脸部表情体现出人物的个性和情绪，十分生动传神。

罗汉（福建）

天问（福建）

罗汉（福建莆田）

上海根雕

借助于现代商业的繁荣，以及国际化的视野，上海根雕逐渐成为根雕艺术的“新贵”，并成为有别于传统根雕产地的新根雕派别。

上海根雕很好地吸收了浙江根雕的特点，并融合了西方的艺术理论和精华，成为具有较强包容度的一个当代艺术类别。上海根雕是现代根雕艺术的集大成者，繁荣的社会经济是其发展的基础，国际交流与民族间的文化交流是其推动力。

我们期待根雕艺术能够在各种不同文化的交融中不断向前发展，取得更高的艺术成就。

仕女

后记

木雕、根雕蕴藏着立体之美与工艺之巧，是人们喜爱、收藏的艺术品之一，在中国艺术史上占有重要位置。

木雕目前是海内外艺术市场上的“宠儿”。它具有造型凝练、刀法流畅、线条清晰明快的工艺特点，题材多为生活风俗、神话故事等。吉庆有余、五谷丰登、龙凤呈祥、平安如意、松鹤延年等木雕作品，深受人们的喜爱。

在本书的编辑过程中，保定书信木雕工作室与野山根雕工作室为我们提供了大量图片，给予了大力支持与帮助，在此深表谢意。

为了更深入地编撰此书，我们来到了保定市，拜访了位于秀水街的书信木雕与北塘胡同的野山根雕。书信木雕的总经理张书信先生对我们说：“这是我们老祖宗留下来的宝贵财富。现在很多年轻人都不知道这项传统艺术的精华与内涵，真的该整理一下，发扬光大了……”

野山根雕的总经理王新先生对我们说：“根雕主要是从根部来进行艺术的雕刻和绘画，使之成为一种异于自然又趋于自然本性的艺术品。它通过塑造形象，反映社会生活及意识形态。所以，这种艺术品既能够给人们带来自然的感觉，又能使人们产生新的审美感受。”

张书信先生与王新先生给我们详细地介绍了木雕与根雕的分类、流派、制作方法等知识，还把自己店里的各种藏品一一拿出让我们欣赏，包括飞禽走兽、花鸟鱼虫、十二生肖、十八罗汉、宫灯、镜框、笔架、笔筒等等，这些作品构思巧妙、内涵深刻，令我们大开眼界。

“弘扬木雕艺术文化，传承传统工艺精华。”这是张书信先生经常挂在嘴边的一句话，我们在此借用为本书的结语。期待与广大读者朋友的交流与切磋。

总 策 划

王丙杰　贾振明

责任编辑

杜　力

排版制作

腾飞文化

编 委 会（排序不分先后）

玮　珏　苏　易　杨明月

胡　飞　王海威　张　婷

马艳明　田文山　晨　钟

责任校对

李新纯

版式设计

吕记霞

图片提供

张书信　王　新

书信木雕工作室

野山根雕工作室